市民社会向けハンドブック

◆ 国連人権高等弁務官事務所 ◆

市民社会向けハンドブック
―― 国連人権プログラムを活用する ――

編訳　ヒューマンライツ・ナウ

監訳　阿部浩己

翻訳
安孫子理良
伊藤和子
枝川充志
須田洋平

信山社

The work is published
for and on behalf of the United Nations.

Originally published by the United Nations
under the title of
Working with the United Nations Human Rights Programme,
A Handbook for Civil Society
© 2008 United Nations for the English edition
© 2011 United Nations for the Japanese edition
All rights reserved
The present work is an unofficial translation
for which the publier accepts full responsibility.

◆まえがき◆

国境を超えて人権を実現するための最良の手引き

　長き人類の歴史にあって、人権が国境を超えた理念として語られるようになったのはたかだがこの60年余りのことです。その実質的な第一歩を刻んだ世界人権宣言が採択されたのは1948年のこと。その後、国際社会では、国連を中心に数多くの人権条約や宣言が作られてきました。東西冷戦が終結した1990年代からは、「人権の主流化」が各所で強力に推し進められ、いまや平和、開発、経済を含むあらゆる領域で人権の優先的価値が認められるようになったといって過言でありません。

　国際的な人権保障はすべての者を対象にしています。人種、ジェンダー、宗教、国籍、障害、年齢などの別を問わず、文字どおり、すべての者に差別なく人権を保障しようという理念がその根本にあります。そして、その理念を実現するために様々な仕組みが整備されてきました。そうした仕組みを使いこなすことにより、私たちは自分（たち）自身の人権を守り、他者の人権を擁護する現実的な可能性を押し広げていくことができます。国際人権保障は、人間の尊厳を守るために築かれた制度的砦といってよいものです。

　人権条約・宣言を作り、国際人権保障の仕組みを発展させてきた原動力は市民社会にほかなりません。非政府組織（NGO）をはじめとする市民社会の貢献ぬきに、今日のような国際人権法の発展はありえませんでした。本書は、世界各地の市民が支え、進化させ続けている普遍的な国際人権保障の姿を紹介するものです。紹介といっても、単なる制度の解説ではありません。念頭におかれているのは実践であり、そのための実用マニュアルとして国連人権高等弁務官事務所によって編まれたのが本書なのです。

　本書は、主要人権条約や国連人権理事会の下に設置されている数々の手続を説明するだけでなく、必要な情報はどこでどうやって手に入れるのか、行動を起こす場合にはどんなことに気をつければよいのか、言葉は何語を使えばよいのか、金銭的なサポートは得られるのか、などといった、実際の活動にたずさわる人であればおそらく誰でも思い浮かべるであろう疑問に的確に答えてくれるものになっています。国際人権保障の最も信頼すべき手引きといってよいで

しょう。

　本書の中でも触れられているのですが、日本の NGO は、国際的な人権保障の仕組みをこれまでも積極的に活用してきました。日本の市民社会は、国内の人権水準の確保だけでなく、世界全体の人権水準の向上に少なからぬ貢献を果たしてきたように思います。国際社会の一員として、私たちはその誇るべき営みをさらに深化させていかなくてはなりません。本書を通じて、国際人権保障の豊かな内実を具体的に学び、実践のためのよすがとしていただければ幸いです。

　本書は、ホワイト＆ケース法律事務所に属する弁護士の方々などのご助力を得ながら、特定非営利活動法人ヒューマンライツ・ナウにつどう安孫子理良・伊藤和子・枝川充志・須田洋平の各氏が中心になって翻訳を手がけ、私が全体を監訳することによってできあがりました。監訳にあたっては、神奈川大学講師の近江美保氏にも一部ご助力いただきました。困難な作業を完遂された訳者の皆様の労を多とするとともに、本書の意義を認め刊行を快諾してくださった信山社に、この場を借りて御礼申し上げます。

　2011年3月

阿 部 浩 己

◆ 序　文 ◆

　このハンドブックの序文を書くことは、新任の国連人権高等弁務官として私が最初に取り組む任務の一つとして、とても相応しいことだと考えています。私がこれまでの仕事を通じて確固として抱いてきた信念、つまり市民社会が持つ改革の力に対する信頼を、この新しい役職に就任して早々に表明する機会を与えてくれたからです。事実、国際人権基準の発展に対する市民社会の貢献、アドボカシー、そして、このハンドブックの中で論じられる人権メカニズムにおける働きは、どんなに評価しても評価し過ぎることはありません。今日、市民社会の見解、実務的知識および学識は、今までにも増して、すべての者の正義と平等を追求するため、人権運動に必要不可欠なものとなっています。

　実際、市民社会との協力は、我々が共有する目標を高め、共通の問題に対処し、本部と現場の双方において、国連人権高等弁務官事務所（OHCHR）の任務とその取組みを支えるものであることから、戦略的に重要性の高いものとなっています。

　また、人権条約機関や特別手続などの長い時間をかけて確立された人権メカニズムの一端を担う独立専門家の取組みが、市民社会のアクターの貢献によってさらに充実したものになっています。極めて重要なことに、その影響力と知識はまた、2006年6月に国連人権委員会に代わり設立された新しい政府間機関である国連人権理事会の運営においても結実しています。

　人権擁護者、非政府組織およびその他のあらゆる市民社会の利害関係者が様々な方法で人権活動に携わっています。こうした人々は情報を共有し、人権の実施を働きかけ、精査し、侵害行為を報告し、人権侵害の被害者を助け、そして、新しい人権基準の展開に向けて運動をしています。また、それぞれのコミュニティや支援基盤の動向を探りながらこれらを実践しています。国際的な人権フォーラムや人権メカニズムといった、弱者が自力では到達できないような場で、こうした人々は弱者の声を代弁します。国家、地域そして国際人権機関での手法を深く理解し、習得することが市民社会のアクターに求められていることは明白です。このハンドブックはその容易でない努力の一助となることを目的としています。

　最後に、このハンドブックの出版が世界人権宣言の60周年記念と同時期に行

われることを強調したいと思います。同宣言が掲げるすべての者のための正義、尊厳および人権の約束は未だ全うされていません。我々は、我々の奉仕する様々なコミュニティのために同宣言の原則が結実するよう尽力しなければなりません。市民社会のアクターが国連の人権システムを理解し利用することを促すために、このハンドブックが活用されることを私は願っています。このハンドブックは、人権、尊厳および平等を普遍的に実現させようとする我々の共同の努力のためのささやかながら、しかし偉大な資源なのです。

国連人権高等弁務官
ナヴァネセム・ピレー

【目　次】

まえがき………………………………………………………阿部浩己… v

◆ 序　文…………………………………………………………………… vii
　　頭文字による略語および略称……………………………………… x

はじめに…………………………………………………………………… 1

Ⅰ	国連人権高等弁務官事務所の紹介………………………………… 5
Ⅱ	OHCHRフェローシップ・プログラムおよび研修プログラム……… 19
Ⅲ	国連人権高等弁務官事務所の刊行物および参考資料…………… 31
Ⅳ	人権条約機関………………………………………………………… 39
Ⅴ	国連人権理事会……………………………………………………… 81
Ⅵ	特　別　手　続……………………………………………………… 111
Ⅶ	普遍的定期審査……………………………………………………… 141
Ⅷ	人権侵害に関する申立ての提出…………………………………… 159
Ⅸ	基金および助成金…………………………………………………… 181

◆ 頭文字による略語および略称

ACT	"Assisting Communities Together" Project 「コミュニティの共同支援」プロジェクト
CAT 拷問等禁止条約	Convention against Torture and Other Cruel, Inhuman or Degrading Treatment or Punishment 拷問及び他の残虐な、非人道的な又は品位を傷つける取り扱い又は、刑罰に関する条約
CEDAW 女性差別撤廃条約	Convention on the Elimination of All Forms of Discrimination against Women 女性に対するあらゆる形態の差別の撤廃に関する条約
CRC 子どもの権利条約	Convention on the Rights of the Child 子どもの権利に関する条約
ECOSOC 経社理	Economic and Social Council 経済社会理事会
ICCPR 自由権規約	International Covenant on Civil and Political Rights 市民的及び政治的権利に関する国際規約
ICERD 人種差別撤廃条約	International Convention on the Elimination of All Forms of Racial Discrimination あらゆる形態の人種差別の撤廃に関する国際条約
ICESCR 社会権規約	International Covenant on Economic, Social and Cultural Rights 経済的、社会的及び文化的権利に関する国際規約
ICRMW 移住労働者権利条約	International Convention on the Protection of the Rights of All Migrant Workers and Members of Their Families すべての移民労働者及びその家族構成員の権利の保護に関する国際条約
LDC	Least developed countries 後発開発途上国
NGO	Non-governmental organization 非政府組織
NHRI	National human rights institution 国内人権機関

OHCHR		Office of the United Nations High Commissioner for Human Rights 国連人権高等弁務官事務所
OPCAT 拷問等禁止条約選択議定書		Optional Protocol to the Convention against Torture and Other Cruel, Inhuman or Degrading Treatment or Punishment 拷問及び他の残虐な、非人道的な又は品位を傷つける取り扱い又は、刑罰に関する条約の選択議定書
UNDEF		United Nations Democracy Fund 国連民主主義基金
UNDP		United Nations Development Programme 国連開発計画
UNESCO ユネスコ		United Nations Educational, Scientific and Cultural Organization 国連教育科学文化機関
UNITAR		United Nations Institute for Training and Research 国連訓練調査研究所
UPR		Universal periodic review 普遍的定期審査

市民社会向けハンドブック

◆ はじめに ◆

◆ ハンドブックについて

　「国連人権プログラムを活用する：市民社会向けハンドブック」（*Working with the United Nations Human Rights Programme: A Handbook for Civil Society*）は、世界のあらゆる地域で人権の促進、保護および向上に日々貢献する市民社会のアクターを対象としたものである。

　本ハンドブックは、初版ハンドブック「国連人権高等弁務官事務所との連携：NGO向けハンドブック（2006年）」（*Working with the Office of the United Nations High Commissioner for Human Rights: A Handbook for NGOs*（2006））の利用者に対して行った調査に基づいて、国連人権機関とそのメカニズムを中心に初版を全面的に更新し、改訂した第2版である。本ハンドブックでは、すべての市民社会のアクター（非政府組織（NGO）を含むが、それに限らない。）を対象として、どのようにして市民社会が様々な国連人権機関と関わりを持ち、そのメカニズムに参加することができるかについて説明するものである。国連人権高等弁務官事務所（OHCHR）は、本ハンドブックによってより多くの人々がこれらの機関とメカニズムを通じて自らの人権を享受し、主張できるようになることを望むものである。

◆ 市民社会のアクターとは？

　本ハンドブックにおいて、市民社会のアクターとは、国連の目的と両立する共通利益、目的または価値についての参加活動と行動に自発的に参加する個人をいう。本ハンドブックは、以下のような普遍的人権の促進と保護に関与する市民社会のアクターを対象にしている。
- 人権擁護者
- 人権組織（NGO、協会、被害者団体）
- 人権に関連した課題別組織
- 連合体とネットワーク（女性の権利、子どもの権利、環境権）
- 障害者とその代表組織
- コミュニティに基礎を置く団体（先住民族、マイノリティ）
- 信仰に基礎を置く団体（教会、宗教団体）

- 組合（労働組合と、ジャーナリスト協会、弁護士会、裁判官協会、学生自治会などの職能団体）
- 社会運動（平和運動、学生運動、民主化運動）
- 人権享受に直接的に貢献する専門家（人道支援活動従事者、弁護士、医者および医療従事者）
- 被害者親族
- 人権の促進を目的とした活動を行う公的機関（学校、大学、研究機関）

人権について豊富な知識とスキルを有し、自由な活動を行うことのできる強固かつ自律的な市民社会は、国家レベルで持続可能な人権保護を確立するための鍵となる要素となっている。すなわち、市民社会のアクターは国連人権システムにおける必要不可欠なパートナーなのである。

国内人権機関（NHRI）は人権の促進と保護において重要な貢献をする存在であるが、本ハンドブックでは対象としていない。NHRIについての情報と資料はOHCHRウェブサイトで参照可能となっている。読者からのOHCHR国内機関ユニット（niu@ohchr.org）への問い合わせも受け付けている。

◆ ハンドブックの内容

本ハンドブックはOHCHRの紹介（第Ⅰ章）、OHCHRフェローシップおよび研修プログラム（第Ⅱ章）、そしてOHCHRの刊行物および参考資料（第Ⅲ章）に始まり、続いて国連人権機関およびそのメカニズム並びにそれらの利用方法について以下の通り記載している。

- 人権条約機関（第Ⅳ章）
- 国連人権理事会および国連人権理事会諮問委員会、社会フォーラム、マイノリティ問題に関するフォーラム、先住民族の権利に関する専門家メカニズム、発展の権利に関する自由参加の作業部会、ダーバン宣言・行動計画に関連する多数のメカニズム等の同理事会のメカニズム（第Ⅴ章）
- 特別手続（第Ⅵ章）
- 普遍的定期審査（第Ⅶ章）
- 人権侵害に関する申立ての提出（第Ⅷ章）

最終章（第Ⅸ章）では基金および助成金について記載し、その中にはOHCHRによって管理されるものも含まれる。

読者が情報を利用しやすいように、各章は本ハンドブックの他の部分から独立した構成となるように書かれている。各章はそれぞれOHCHRウェブサイトからダウンロードでき、また、本ハンドブック全体もダウンロード可能である。

本ハンドブックは単独または不変の案内書ではないことに特に注意されたい。読者が最新情報を得ることができるよう、可能な限り、OHCHRウェブサイトとその他資料の参照情報が記載されている。読者においてはこれらの補完資料を利用していただきたい。

◆ 構　造

各章は主に三節に分けられている。
- 機関／仕組みについて
- 機関／仕組みの機能
- 市民社会のアクターが機関／仕組みを利用する方法

また、各章ではOHCHR内の主要連絡先の一覧を記載し、他の資料へのリンクも記載している。

◆ 読者のフィードバック

本ハンドブックは読者による活用を期待している。OHCHR市民社会ユニットは読者のフィードバックを歓迎している。読者からのコメントと提案は下記宛てに送付されたい。

〈市民社会ユニット〉
Civil Society Unit
　Office of the United Nations High Commissioner for Human Rights
　Palais des Nations
　CH-1211 Geneva 10, Switzerland
　E-mail: CivilSocietyUnit@ohchr.org.

第Ⅰ章　国連人権高等弁務官事務所の紹介

A.　国連人権プログラム

　国連人権プログラムは、あらゆる場所のあらゆる人々の人権の促進と保護のために機能しており、国連の種々の人権に関わる機関や組織を通じて実行されている。そして、このプログラムは、このハンドブックで扱われる様々な人権機関やメカニズムを包括するものであり、それらのすべてが、60年以上前に世界人権宣言において提唱され国際的に合意された人権—市民の、文化的、経済的、政治的および社会的な権利—を促進し、保護するという目標を共有している。

　国連人権高等弁務官事務所（OHCHR）は、人権に関する世界的な権威として、国連人権プログラムを主導し、**国連憲章**および国際人権法により確立されたすべての人権の促進と保護について責任を負っている。

　OHCHRが目指すのは、すべての者の人権が完全に尊重され、享受されている世界である。OHCHRはあらゆる人々のあらゆる人権の保護を達成し、人々に自らの権利を実現する力を与え、人権の擁護に責任を負う者が人権保障の実施を確実にするように支援をすべく尽力している。

B.　国連人権高等弁務官事務所

　OHCHRは国連事務局の一部で、1993年に設立された役職である人権高等弁務官により統率される[1]。OHCHRは人権への取組みを可能な限り広く普及させるため、政府、国内人権機関（NHRI）、非政府組織（NGO）およびその他の市民社会のアクターを含む広範なアクターと協働している。

　国連の主導的立場の人権担当官として、高等弁務官は道徳的支柱となり、被害者の声を代弁する。高等弁務官はまた、OHCHRの任務と価値観の指針となり、優先事項を特定し、その活動を推進する。高等弁務官は公式声明を発表し、人権状況と危機について訴え、各国政府との対話を通じて国家的な人権保護の

---

[1] 1993年12月20日総会決議48/141。OHCHRの任務は国連憲章、世界人権宣言およびその後の人権文書（1993年ウィーン宣言・行動計画、2005年世界サミット成果文書（2005年9月16日総会決議60/1）を含む。）にも基づいている。

強化に努め、世界のあらゆる地域へ人権のメッセージが確実に届くよう広範な地域を訪れ、人権が否定されてきた人々の声を聞き、人権擁護義務者と協働する。

高等弁務官は、平和と安全保障、開発、人権―国連システムの主要な三つの柱―が相互に関連し強化し合い、人権がすべての国連の活動の基礎となることを確実にするため、国連プログラム全体を通じて人権基準を主流化するように職務を遂行する。

高等弁務官は人権の世界的な状況を公に表明し、国家に作為および不作為の責任を負わせることで、不処罰と闘う。このため、高等弁務官とOHCHRは常時様々な方面から批判を受けることが予想される。そうであればなおさら、政治問題化することの多い議論に人権の視点とアプローチを取り入れるにあたっては、客観性、正確性および人権の普遍性がOHCHRの職務の根底にあることが一層重要になる。

現職の高等弁務官である**ナヴァネセム・ピレー氏**は2008年9月に就任した。ピレー氏の前任にはルイーズ・アルブール氏（2004年－2008年）、セルジオ・ヴィエイラ・デ・メロ氏（2002年－2003年）[2]、メアリー・ロビンソン氏（1997年－2002年）およびホセ・アヤラ・ラッソ氏（1994年－1997年）が在職した。バートランド・G・ラムチャラン氏は2003年から2004年にかけて高等弁務官代行を務めた。

OHCHRの本部はスイスのジュネーブのパレ・ウィルソンにあり、ニューヨークの国連本部に事務所がある。900名以上の職員を擁し、その半数以上が現場で職務に当たっている。その組織は国別チームと国別事務所、地域事務所、人権アドバイザーおよび国連平和ミッションの人権部門から構成される。

2　2003年8月19日、セルジオ・ヴィエイラ・デ・メロ氏は21人の国連職員とともにバグダッドで死亡した。メロ氏は当時駐イラク事務総長特別代表として国連の職務にあたっていた。

国連人権高等弁務官の任務

高等弁務官は国連総会決議48/141により以下の任務を委任されている。
- すべての者のためにあらゆる人権を促進し保護すること
- 国連システム内の権限を有する機関にあらゆる人権の促進と保護の進展に関して勧告すること
- 発展の権利を促進し保護すること
- 人権活動のために技術的な支援を提供すること
- 国連人権教育と広報プログラムの調整を行うこと
- 人権の実現への障壁を排除するため積極的に役割を果たすこと
- 人権侵害の継続を阻止するため積極的に役割を果たすこと
- あらゆる人権の尊重を確かなものにするため政府と対話すること
- 国際協力を強化すること
- 国連システムを通じた人権の促進と保護の活動の調整を行うこと
- 国連人権機構の実現、採用、強化および整備を行うこと

C. OHCHRの職務と活動

　OHCHRは人権基準があらゆる地域のすべての者の日々の生活の中で実施されることを求めている。この目標に向かって業務に取り組みながら、OHCHRは人権の認知と尊重のために国連のパートナーに加えて、政府、議会、司法、警察および刑務所職員、国内人権機関、NGO、並びにその他の広範な市民社会のアクターと協働している。OHCHRは個人がその権利を主張できるように力を与え、国家がその人権に関する義務を果たすことを支援する。

　現地レベル、国内および国際的な人権NGOは国際的な人権運動の中核となっており、OHCHRの重要なパートナーでもある。これらのNGOは世界に向けて人権侵害に対する注意を喚起し、被害者を保護し、教育を通じて権利を普及し、向上と前進のために活動する。OHCHRと市民社会とは動的に協調する関係にあり、このことはOHCHRのあらゆる部門に浸透している。

　OHCHRの作業分野は人権のすべての領域に亙っている。各分野の活動は相互に関係し、補完し合っており、OHCHRの任務に必要不可欠な一部となっている。

OHCHRの**テーマ別作業**は既存の人権システムのどこで隔絶が生じているかを特定し、それを対象として、保護と研究を主導し、たとえば、気候変動、ジェンダーに基づく暴力といった現代社会の問題に人権の枠組みの中から対処する。

基準設定作業を通じて、OHCHRは人権の保護と権利付与を前進する新しい国際規範を発展することに貢献する。

その**監視作業**は、これらの基準が実務で実施され、人権の実現に貢献していることを確かめることを目的としている。

OHCHRは、**実施**に関する作業を通じて、人権の危機および状況悪化の早期警報の兆候を探し、政府に技術的支援を提供し、危機発生時に職員および資材を配備できるように備えている。

OHCHRはまた、**人権教育**および認知度の向上に努めている。OHCHRは国連人権機関およびそのメカニズムを効率的に利用することで人々がその権利を享受できるように力を与え、変化をもたらす主体となることを目指している——この目標が、このハンドブックの作成のきっかけとなった。

OHCHRの活動資金は国連の一般会計並びに締約国、政府間組織、基金および個人からの任意の寄付金により提供されている。

◆ テーマ別作業領域

OHCHRは広範なテーマと問題に亘り、人権保護と基準設定の新しい領域を開拓する。OHCHRは模範とすべき実践例を促進するため、法的、政治的助言を提供し、実態調査を実施し、発生する問題と傾向に関する議論と協議を促進し、幅広い人権のアクターと課題別に協力関係を見出す。

テーマ別作業領域には、以下のものが含まれる。

- 反差別
- 子ども
- 気候変動と環境
- 経済的、社会的、文化的権利（健康、住居、食糧および水に関する権利を含む）
- HIV／エイズ
- 人権の国別評価と計画
- 人権とビジネス
- 人権と反テロリズム
- 人権と障害

- 人権教育と訓練
- 人権の主流化
- 人権の監視と調査
- 平和維持・構築活動における人権
- 先住民族とマイノリティ
- ミレニアム開発目標と発展の権利（貧困削減を含む）
- 人種差別
- 法の支配と民主主義（司法の運営、グッド・ガバナンス、説明責任、不処罰、および反汚職の推進を含む）
- 安全保障
- 貿易とグローバリゼーション
- 人身売買
- 移行期における正義
- 女性の人権とジェンダー

　これらのプログラムは、平等および非差別といった国連人権プログラムにとって特に重要な特定の横断的テーマに専門性と新しい思考方法を取り入れることを目指している。これらのプログラムは、人種差別の被害者、マイノリティや先住民族の人々、女性の権利とジェンダー、障害、人身売買、HIV／エイズに感染した人々などの特別な配慮を必要とする集団や問題に対処するものである。

不処罰と法の支配に関する取組み

不処罰と闘うための最新の一連の原則並びに**救済と補償を受ける権利に関する基本原則およびガイドライン**が2005年に完成した。

これらの初期の草案が作成されたとき、OHCHR は対話と意見交換のための協議会を招集した。これらの協議会には、**国際法律家委員会、アムネスティ・インターナショナル、ヒューマン・ライツ・ウォッチ、インターナショナル・センター・フォー・トランジショナル・ジャスティス**を含む複数の国際 NGO が参加した。NGOは国際的および国内的な協力機関の視点を提示し、その結果、現場での需要と経験がその草案に組み込まれることとなった。

救済と補償を受ける権利に関する基本原則およびガイドラインは2005年に国連総会において採択された。また、2005年には、旧人権委員会は不処罰と闘うための新しい一連の原則に留意した。

OHCHR はこれらの二つの原則に関する情報を広め、それらを各国で導入するための戦略について協議する一連のワークショップを開催した。OHCHR の現地事務所および国連平和ミッションの職員に加え、紛争終結国から来た多数の NGO がこれらのワークショップに積極的に参加した。こうした各地の NGO はこれらの原則を普及させ、現場で確実に運用可能となるようにするのに役立っている。各国政府と協調しながら、これらの基準が導入され、実施されることを確実にすることは、NGO がこれらの文書に規定された権利の実現を確実にするために継続して果たすべき重要な役割である。

詳しい情報については、以下を参照のこと。
- 不処罰と闘う行動を通じた人権の保護および促進のための最新の一連の原則（E/CN. 4/2005/102/Add. 1）
- 国際人権法の大規模な違反および国際人道法の重大な違反の被害者のための救済と補償を受ける権利に関する基本原則およびガイドライン（総会決議60/147）

◆ 基準設定と監視

OHCHR は主要な国連人権機関とそのメカニズムが基準設定と監視業務を果たし、国際人権法と先例の発展に貢献し、また合意された人権基準の実施を確実にするために機能できるように、質の高い調査、専門性、助言および管理業務を提供するよう努めている。これらの機関とメカニズムには以下のものが含まれる。

- **国連人権理事会**とそのメカニズム。たとえば、特別手続、普遍的定期審査メカ

ニズム、申立手続、諮問委員会、社会フォーラム、マイノリティ問題に関するフォーラム、先住民族の権利に関する専門家メカニズム
- **人権条約機関**

OHCHR は、国連人権プログラムを効率的に利用するための市民社会の能力を強化するように尽力している。下記の章では、市民社会が OHCHR を通して国連人権機関とメカニズムに携わり、貢献する様々な方法について詳述している。

- 第Ⅳ章では、人権条約機関について扱う。
- 第Ⅴ章では、人権理事会とそのメカニズム（諮問委員会、社会フォーラム、マイノリティ問題に関するフォーラム、先住民族の権利に関する専門家メカニズム、発展の権利に関する自由参加の作業部会およびダーバン宣言・行動計画に関する多数のメカニズムを含む。）について扱う。
- 第Ⅵ章では、特別手続について扱う。
- 第Ⅶ章では、普遍的定期審査について扱う。
- 第Ⅷ章では、人権侵害の主張をどのように申し立てるかについて説明する。

 OHCHR の基準設定と監視業務に関する最新の情報については、OHCHR のウェブサイトを参照のこと。

◆ 人権の実施

人権基準は実施されなければほとんど価値を持たない。紛争から回復しつつある国家または、資源若しくは専門性の欠如している国家は、その人権に対する義務を果たすために支援を必要とする。したがって、OHCHR は、人権保護のための国家の努力を支援すべく相当の資源を投入している。国と協働することにより、OHCHR は知識、能力、実行力および安全性を含めた実現に至るまでの様々なギャップを乗り越えるよう努めている。

現場での実施のための作業を通して、OHCHR は以下のことを確保しようとしている。

- 国の機関が、国際人権基準と、それをどのように法律、規則、政策に取り入れるかについて、情報を得ていること
- 政府職員と市民社会が人権問題に対処するためにより高度な権能を有すること
- 政府の機関が人権に関する義務を認識し、人権の実現への障壁を克服するため

効果的な救済策を実施すること
- 権利保持者がその個人的安全を脅かす政策からよりよく保護されていること
- OHCHR が現場で人権に関する必要性に対処するためよりよい立場にあること

　OHCHR の現地事務所と現場展開は、政府、国連システム、NGO およびその他の市民社会からの参加者と緊密に協働することにより人権の試練に対して適切かつ効果的な対応を行っている。たとえば、OHCHR は国際人権基準を国家の法律に取り入れる努力を支援し、独立した国内人権機関の設立と機能について助言する。OHCHR はまた、司法、軍警察、議会と協働し、それらに対して職務に関する国際基準に基づいて人権教育を行い、条約機関と普遍的定期審査の報告について助言を提供し、人権研修プログラムを開発する。

　市民社会は、OHCHR の現場でのすべての活動において重要な協力者である。市民社会が現場で従事し OHCHR と協力している例には、以下のようなものがある。

- 人権状況の悪化と新たな傾向の発生を OHCHR に警告すること
- 現地レベル、国レベルでの、人権状況、その発展、申し立られた人権侵害についての情報を OHCHR に提供すること
- 人権セミナーと、ワークショップ、人権研修プログラム、人権の認知度向上に関する国家および地域プロジェクトについて OHCHR と協働すること
- 人権条約の批准とその実施を促進するため OHCHR と協働すること

　OHCHR の現場での取組みには、国別事務所、地域事務所、国連平和ミッションの人権部門、国連国別チームの人権アドバイザーを通じた活動、人権の危機の発生に対する迅速な対応が含まれる。

1．国別事務所

　OHCHR が設置する国別事務所は増加している。その活動には、人権の監視、広報、技術的支援の提供、そして政府が長期的に持続可能な人権政策と計画を開発できるように支援することなどがある。

障害者の権利の保護と促進のためのウガンダにおけるOHCHR国別事務所との協働

ウガンダのOHCHR国別事務所は障害者団体とともに人権問題として障害の理解の促進および関連する人権基準の認知、並びに国内法制、政策、計画におけるこれらの基準の遵守に取り組んでいる。同事務所では、NGOとともに以下のような方法に従事している。

- 国内法制および人権基準に基づく障害政策の遵守について技術的な助言を提供するための協議会を発足させた。
- 人権調整メカニズムへの障害者のNGOの参加を様々な地域で積極的に促進しながら、障害者をめぐる状況について監視活動および集中的なグループ会議を行った。
- 政府が障害者権利条約を批准するよう要求する請願書に署名を求める障害者全国組合の署名活動を支援した。2007年の国際人権デーには1,000人以上の署名が集まった。
- 公共施設への物理的アクセスを確実にするために、ソロチ地区の主要行政区画へのスロープの設置を支援した。NGOによる継続的な働きかけが、地区内におけるさらなるスロープの設置につながった。
- 点字で作成された関連資料を提供し、国際人権基準や関連する国内法制や政策について、障害者への研修を実施した。

2．地域事務所

OHCHRは一定地域にある国々にとって重要な人権問題を特定するよう努めている。そうすることによって、OHCHRは地域全体およびその国々に対して、経験と模範とすべき実践例の共有、普及を促進することによって支援することができる。OHCHR地域事務所はまたテーマごとに専門性を蓄積しており、地域および政府機関、国連国別チーム、国際機関、地域機関、国内人権機関、そして市民社会と緊密な取組みを行っている。

3．国連平和ミッションの人権部門

OHCHRは国連の平和維持・平和構築活動に関与しており、国連の平和維持活動部門および政治部門によって運営される複雑な現場での活動の人権分野について重要な役割を果たしている。OHCHRはまた、国際平和と安全保障を担う国連安全保障理事会の機能にも貢献している。これらの役割は国連の活動のあらゆる分野において人権が中心的地位を占めていることを示している。

OHCHRは平和ミッションに取り込まれるべき4つの優先事項を特定した。

- 平和プロセスにおける正義および説明責任を確実にすること
- 人権侵害の防止と救済
- 国家機関の機能の構築と強化
- すべての国連プログラムにおける人権の主流化

 スーダンにおける女性の権利に関する国連ミッションとの協働

2008年3月から、国連スーダン人権事務局ミッションは、女性の権利、特にジェンダーに基づく暴力を受けずに生活する権利に関する意識を高めるため、マラカールの女性擁護団体とマラカール・ラジオ局と協力しラジオ番組を作成している。アッパー・ナイル州議会議員および市民社会の活動家がその番組に出演している。この取組みは、現地のコミュニティのためのワークショップと一体となって行われている。

4．国連国別チームの人権アドバイザー

人権アドバイザーは、住民コーディネーターの要請により国連国別チームを支援するためOHCHRに雇用されている専門家である。人権アドバイザーは、人権の促進と保護のため国家の機能と機関を構築し強化するための戦略について助言を提供する。人権アドバイザーはまた、国のアクター（政府と市民社会）とともに、どのように人権基準を効果的に促進し実施するかに取り組んでいる。

5．人権の危機の発生に対する迅速な対応

現場での活動を通じた国との取組みに加え、OHCHR迅速対応ユニットは、世界中の人権状況の悪化の防止または対策を支援するために訓練された人材を配置している。OHCHRは深刻な人権侵害の申立てを調査するための事実調査団や調査委員会を指揮または支援することができる。

本ユニットは、平和ミッションの人権部門へのOHCHRの参加に関するフォーカル・ポイント（担当部署）としての役割も果たしている。OHCHRは、平和ミッションの募集、採用、訓練、そして実質的な政策とプログラムについての助言を提供することによって支援している。

◆ OHCHR フェローシップ・プログラムおよび研修プログラム

OHCHR は人権メカニズムへの市民社会の参加とその役割の拡大を支援するためフェローシップ・プログラムおよび研修プログラムを実施している。これらのプログラムは以下の通りである。

- 先住民族フェローシップ・プログラム
- マイノリティ・フェローシップ・プログラム
- 人権 LDC フェローシップ・プログラム
- 国内人権機関職員のためのフェローシップ・プログラム

OHCHR フェローシップ・プログラムおよび研修プログラムについての詳細は本ハンドブック第Ⅱ章を参照のこと。

◆ OHCHR の刊行物および参考資料

OHCHR は政府、国内人権機関、市民社会、一般市民およびメディアにとって関心のある情報を提供する人権関連の刊行物を多岐に亘り作成している。多くの刊行物や参考資料が OHCHR のウェブサイトからダウンロードすることができ、または、**OHCHR の刊行物・情報デスク**に請求することができる。

OHCHR の刊行物および参考資料についての詳細は本ハンドブック第Ⅲ章を参照、または publications@ohchr.org 若しくは library@ohchr.org へ照会のこと。

◆ 基金および助成金

国連の基金および助成金の一部は OHCHR により運営されており、NGO、草の根団体、職能団体およびその他の市民社会のアクターへ直接資金を提供している。

OHCHR により運営される基金と助成金には以下のものがある。

- 拷問被害者のための国連任意基金
- 先住民のための任意基金

- 現代的形態の奴隷制に関する国連任意信託基金
- 「コミュニティの共同支援」(ACT) プロジェクト

 基金および助成金についての詳細は本ハンドブック第Ⅸ章を参照のこと。

D. 国連人権高等弁務官事務所の構成

OHCHRは高等弁務官と高等弁務官補が統率しており、その職務はOHCHR**執行指示・管理局に属する執行室**により支えられている。

執行指示・管理局にはまた、以下の組織が属している。

- **ニューヨーク事務所**は、人権が国連の開発と安全保障のためのアジェンダに十分に組み込まれているかを確認し、人権問題についての実質的支援を総会、経済社会理事会、安全保障理事会およびその他の政府間機関に提供する。
- **政策・計画・監視・評価課**は、OHCHR職員と協働し、OHCHRの戦略的ビジョンが具体的な優先事項と実施用計画に反映されているかを確認し、その効果が効果的にモニターされ、評価されているかを確認する。
- **コミュニケーション課**は、人権に関する一般的知識を向上させるための戦略を開発・実施し、国際社会へ人権の発展とOHCHRの業務について情報提供する。
- **資金提供者・渉外課**は、加盟国がOHCHRの計画、優先事項と資金需要について、もれなく情報提供を受けていることを確実にし、OHCHRプログラムの実施を支援するための資金を調達する。
- **現地安全保障課**は、国連の安全保障部門と連携しOHCHR職員と施設の安全性を確保する責任を負う。

新しく設置された**市民社会ユニット**もまた執行指示・管理局に属している。同ユニットはOHCHRとの接触を望む市民社会のアクターが主に最初に接点を持つ窓口となる。市民社会ユニットは広範な問題点に関する情報と助言を提供し、協調関係を強化するための政策と戦略について助言し、市民社会が国連人権機関とそのメカニズムに協力するのを支援するための手段を開発する。このハンドブックはそのような手段の代表的な例である。

OHCHRプログラム支援・管理サービス局は、予算の策定と資金管理、採用活動と人材、調達、資産管理と現地活動のための後方支援一般、情報技術、

職員の能力開発と研修に関する支援を提供する。

執行指示・管理局とプログラム支援・管理サービス局に加え、OHCHRは以下の4つの実務部署を擁する。

- **人権理事会・条約部**は、人権理事会とそのメカニズムの多く、および人権条約機関が順調に機能することを確保する。同部はまた、拷問被害者のための任意基金を通じて実施される活動を支援し、政府間機関が使用する公式文書の調整を行う。
- **特別手続部**は、テーマ別、事実調査および法務の専門的知見、調査および分析、並びに管理および物流支援を提供することにより特別手続に関する業務を支える。同部はまた任務遂行者と市民社会を含む利害関係者との協調と会合を促進する。
- **現地活動・技術協力部**は、OHCHRの国別活動戦略の策定と実施の調整を行い、その技術協力プログラムを管理し、OHCHR現地事務所への窓口として機能する。
- **研究・発展の権利部**は、現場への技術的支援の提供を含め、OHCHRの人権に関するテーマ別調査を実施する。同部はまた、国内機関、市民社会およびその他のパートナーの能力を高めるために、各国および本部で使用される多様な実務上の手引きおよび学習パッケージを作成しながら、OHCHRの文書センターと出版プログラムを管理する。

E. OHCHRに関する情報

◆ OHCHRのウェブサイト

市民社会のアクターはOHCHRのウェブサイトで、様々な人権メカニズムに関する情報を含め、OHCHRの業務と活動に関する最新の状況と情報を参照することが奨励される。OHCHRの**活動と成果に関する年次報告**、**高等弁務官による戦略的運営計画**もOHCHRのウェブサイトで入手できる。

 OHCHRのウェブサイト http://www.ohchr.org を参照のこと。

F. OHCHRの連絡先

◆ 訪問先住所

Palais Wilson:
52 rue des Pâquis
CH-1201 Geneva, Switzerland

Motta Building:
48 avenue Giuseppe Motta
CH-1202 Geneva, Switzerland

郵送宛先

Office of the United Nations High Commissioner for Human Rights
Palais des Nations
8-14, avenue de la Paix
CH-1211 Geneva 10
電話：+41（0）22 917 90 00
Eメール：**InfoDesk@ohchr.org**（general enquiries）
ウェブサイト：**http://www.ohchr.org**

第Ⅱ章　OHCHRフェローシップ・プログラム
　　　　および研修プログラム

　本章において述べるフェローシップ・プログラムおよび研修プログラムは、人権メカニズムにおける市民社会の役割を強化し、その関与の度合いを高める目的で国連人権高等弁務官事務所（OHCHR）によって創設された。市民社会による貢献とその積極的な関与は、人権をより確実に実現することに寄与している。本章では、市民社会のアクターがOHCHRのフェローシップ・プログラムおよび研修ワークショップに参加するために必要となる主要な情報を説明する。

　NGOおよびその他の市民社会のアクターが本章で述べるプログラムおよびワークショップに参加またはアクセスするにあたって、国連経済社会理事会（ECOSOC）の協議資格を取得している必要はない。

A.　フェローシップ・プログラム

　フェローシップ・プログラムでは、選抜された個人に対して人権メカニズムおよび国際機関について集中的に学ぶ機会を提供する。

　OHCHRは、4つのフェローシップ・プログラムを運営している。これらのプログラムの目的は、人権運動分野における特定の集団または個人の能力を向上させることである。

- **先住民族フェローシップ・プログラム**は、先住民族の集団に属する人々が人権研修プログラムに参加することを支援する。
- **マイノリティ・フェローシップ・プログラム**は、民族的若しくは種族的、宗教的および言語的マイノリティに属する人々が人権研修プログラムに参加するのを支援する。
- **人権LDCフェローシップ・プログラム**は、後発開発途上国（LDC）の大学院生が国連および人権に関する研修に参加するのを支援する。
- **国内人権機関職員のためのフェローシップ**は、国際人権研修プログラムに参加する各国の国内人権機関の職員を支援し、OHCHRと国内人権機関の協働作業を支援する。

　OHCHRのウェブサイト（http://www.ohchr.org/civilsocietyhandbook/）に本ハンドブックのデジタル版が登載されている。
　同サイトにおいては本ハンドブックの各章のダウンロードが可能であり、本ハンドブックに登載されているリンクをすべて参照することができる。

フェローシップに関連する連絡先

◆ 先住民族フェローシップ・プログラム
先住民族およびマイノリティ・ユニット
Indigenous Peoples and Minorities Unit
Office of the United Nations High Commissioner for Human Rights
Palais des Nations
8-14, avenue de la Paix
CH-1211 Geneva 10 - Switzerland
ファックス：+41（0）22 917 90 08 または
　　　　　　+41（0）22 928 90 66
E メール：**fellowship@ohchr.org**

◆ マイノリティ・フェローシップ・プログラム
先住民族およびマイノリティ・ユニット
Indigenous Peoples and Minorities Unit
Office of the United Nations High Commissioner for Human Rights
Palais des Nations
8-14, avenue de la Paix
CH-1211 Geneva 10 - Switzerland
電話：+41（0）22 928 98 45
ファックス：+41（0）22 928 90 10
E メール：**minorities@ohchr.org**

◆ 後発開発途上国の学生のためのフェローシップ
国連訓練調査研究所（UNITAR）
United nations Institute for training and Research（UNITAR）
Palais des Nations
8-14, avenue de la Paix
CH-1211 Geneva 10 - Switzerland
電話：+41（0）22 917 86 40
ファックス：+41（0）22 917 80 47
ウェブサイト：**http://www.orchr.org** または **http://www.unitar.org/diplomacy**

◆ 国内人権機関職員のためのフェローシップ
国内機関ユニット
National Institution Unit
Office of the United Nations High Commissioner for Human Rights

Palais des Nations
8-14, avenue de la Paix
CH-1211 Geneva 10 - Switzerland
電話：+41（0）22 928 92 83 または
　　　+41（0）22 928 96 63
ファックス：+41（0）22 928 90 18
Eメール：**niu@ohchr.org**

1．先住民族フェローシップ・プログラム

先住民族フェローシップ・プログラムは、「世界先住民の国際10年（1995－2004年）」の目標を実践しようという OHCHR の取組みとして1997年に始まった。その主な目的は、国連人権システムに関する知識を深め、同システムへのアクセス能力を向上させることによって、先住民族の代表およびそのコミュニティに力を与えることである。

このプログラムは、先住民族の女性および男性に対して、国際人権全般、特に先住民族の権利についての知識を得る機会を提供することにより、先住民族の団体とそのコミュニティが自己の権利をより一層保護し、促進させる助けとなることを目的としている。プログラム終了時には、フェローはそのコミュニティと団体において、国際人権全般および特に先住民族の権利についての研修を実施できる能力を身に付け、フェローシップ期間に取得した情報と知識を普及させることができるようになる。このプログラムの目的は、個人、先住民族の団体、そして最も重要なのはそのコミュニティに利益をもたらすことである。

先住民族フェローシップ・プログラムは、4つの言語（**英語、フランス語、ロシア語およびスペイン語**）で実施されている。それぞれの言語プログラムごとに、毎年約5名のフェローが選抜されている。

- ジュネーブを拠点とするプログラム（**英語**）
- デウストを拠点とするプログラム（**スペイン語**）
- ディジョンを拠点とするプログラム（**フランス語**）
- モスクワを拠点とするプログラム（**ロシア語**）

ジュネーブを拠点とするプログラムは、ジュネーブの OHCHR によって実施される。毎年5月から始まり通常4か月間行われる、人権メカニズムと組織に

関する集中コースである。このプログラムは、対話形式で進められ、様々なトピックについての発表、並びに個人および集団に与えられる課題により構成されている。

デウストを拠点とするプログラムは、スペイン、ビルバオのデウスト大学とOHCHRが共同で主宰している。通常は4か月間を2つのパートに分けて実施する。すなわち第1部はデウスト大学において、第2部はジュネーブのOHCHRにおいて実施される。このプログラムも上述のジュネーブを拠点とするプログラムと同様の構成をとっているが、フェローと他の関連団体（バスクNGO、バスク自治州政府など）間の交流にも力を注いでいる。

ディジョンを拠点とするプログラムは、フランス、ディジョンのブルゴーニュ大学とOHCHRが共同で主導しており、フランス語を母語または第二言語として用いている先住民を対象としている。プログラムは10週間（ディジョンの大学にて4週間、ジュネーブのOHCHRにて4週間、パリのユネスコ（国連教育科学文化機関）（UNESCO）にて2週間）にわたり実施される。

モスクワを拠点とするプログラムは、モスクワのロシア北方民族協会（RAIPON）とOHCHRが共同で主導している。まず4週間にわたるモスクワでのセッションがRAIPON、OHCHRのモスクワ事務所、および在モスクワのその他の国連事務所で実施され、引き続き、ジュネーブのOHCHRで4週間のセッションが行われる。

すべてのフェローシップ・プログラムでは、簡素な宿泊施設費用、旅費、健康保険料およびその他の生活費に充てるための生活補助金が毎月給付される。

適格者基準

- 候補者は先住民族の集団に属している者で、その属する先住民族コミュニティまたは団体の支持を受けていなければならない。
- 年齢制限はないが、候補者は25歳から35歳の間の者が優先される。
- 多くの先住民族が教育を受けるにあたり社会経済的障害に直面している事実に鑑み、正規教育を受けていない場合でもフェローシップ・プログラムへの参加を制限しない。
- 候補者は、その属するコミュニティ／団体に戻った後、他の先住民族の人々に対する研修を行う能力および意欲を有している者でなければならない。
- 支持団体に、安定した支持者または構成員が存在することが望ましい。
- フェロー選抜に際しては、性別・地域的バランスを考慮する。
- 候補者は、フェローシップ・プログラムの実施言語を十分に理解できなければ

ならない。

プログラムは4つの各言語で毎年実施され、出願期限はそれぞれ異なる。すべての項目が記入されたフェローシップ願書のみを審査の対象とする。願書の送付は、ファックスまたは普通郵便に限る。Eメールで送信された願書は審査対象としないが、願書のパートⅠおよびパートⅡの双方に署名した上でスキャンされている場合はこの限りではない。

願書の提出先

先住民族フェローシップ・プログラム
先住民族およびマイノリティ・ユニット
Indigenous Peoples and Minorities Unit
Office of the United Nations High Commissioner for Human Rights
Palais des Nations
8-14, avenue de la Paix
CH-1211 Geneva 10 - Switzerland
ファックス：+41（0）22 917 90 08 または
　　　　　　+41（0）22 928 90 66
Eメール：**fellowship@ohchr.org**

このフェローシップ・プログラムについて詳細を知りたい方、および4言語での願書のフォームを取得したい方は、OHCHRのウェブサイトを参照のこと。

2．マイノリティ・フェローシップ・プログラム

マイノリティ・フェローシップ・プログラムを通じて、OHCHRは、民族的若しくは種族的、宗教的および言語的マイノリティに属する人々（とりわけ若い女性および男性）に対して、国際人権全般、特にマイノリティの権利についての知識を得る機会を提供することを目指している。プログラム終了時には、マイノリティのフェローは、マイノリティに関連する問題に関連している国連人権メカニズムについての全般的知識を取得し、フェローシップ期間に取得した情報および知識についての研修をマイノリティのコミュニティおよび団体において実施できるだけの能力を身に付けていることが期待されている。

ブルガリアで実施されている元マイノリティ・フェローによるコミュニティ主導の研修

OHCHRは、2006年12月にポルスキ・トルンベシュ自治体で研修コースを開催するという、**ブルガリア**のロマコミュニティ出身の元マイノリティ・フェローが提案したプロジェクトの支援を行った。このプロジェクトによって、彼の属する団体、ロマ・トゥギャザーは、中央および東南ヨーロッパの9か国により提唱された「ロマ包摂の10年（2005－2015年）」を現地のロマコミュニティに実践させる取組みを行う研修ワークショップを開催することができた。参加者たちは、ロマの人々が公式の意思決定（特にロマの権利と日常の生活に最も影響を及ぼす分野においての）へ関与する度合いを高めるための戦略を考案した。参加者たちは、マイノリティ問題に関する政策提案を行うため現地のマイノリティ代表らによる常設機関を設置することを地方自治評議会に提案し、この提案は市長および地方自治評議会長によって承認された。

現在、OHCHRは2つのマイノリティ・フェローシップ・プログラムを実施している。ひとつは英語によるもので、もうひとつはアラビア語によるものである。英語によるプログラムは、毎年約5名の参加者を迎えて、4月から3か月間にわたり実施される。試験的に行われているアラビア語のプログラムは、2007年に第1回目が実施され、1か月間にわたり4名の参加者がジュネーブのOHCHRでの研修を受講した。このフェローシップ・プログラムでは、毎月の簡素な宿泊施設費用およびその他の生活費、ジュネーブまでの往復旅費、健康保険料に充てるための生活補助金が給付される。

適格者基準

- 候補者は民族的若しくは種族的、宗教的および言語的マイノリティに属していなければならない。
- 年齢制限はないが、候補者は25歳から35歳の間の者が優先される。
- 正規教育を受けていない場合でも、関連する経験があることを証明できる場合は、マイノリティ・フェローシップ・プログラムへの参加を制限しない。
- 候補者の支持団体または協会がマイノリティ問題への取組みに着手しており、マイノリティに属する人々により構成されていることが望ましい。
- 候補者は、その属するコミュニティ／団体に戻った後、他のマイノリティの人々に対する研修を行う能力および意欲を有していなければならない。
- 候補者は、その属するコミュニティまたは団体からの推薦状を有していなければならない。

- 候補者は、プログラムの実施言語（英語またはアラビア語）につき十分な実用的知識を有していなければならない。

すべての項目が記入されたフェローシップ願書のみを審査の対象とする。願書の送付は、ファックスまたは普通郵便に限る。Eメールで送信された願書は審査対象としないが、願書に署名した上でスキャンされている場合はこの限りではない。

願書の提出先

マイノリティ・フェローシップ・プログラム
先住民族およびマイノリティ・ユニット
Indigenous Peoples and Minorities Unit
Office of the United Nations High Commissioner for Human Rights
Palais des Nations
8-14, avenue de la Paix
CH-1211 Geneva 10 - Switzerland
電話：+41（0）22 928 98 45
ファックス：+41（0）22 928 90 10
Eメール：**minorities@ohchr.org**

フェローシップ・プログラムについて詳細を知りたい方、願書のフォームを取得したい方は、OHCHRのウェブサイトを参照のこと。

3．人権LDCフェローシップ・プログラム

後発開発途上国（LDC）の学生のための人権フェローシップ・プログラムは、2007年に始まり、OHCHRと国連訓練調査研究所（UNITAR）が共同で運営している。その目的は、LDCのフェローに国際レベルで人権問題の現状をより深く理解させ、国連とOHCHRの取組みを見通すことのできる能力を身に付けさせ、OHCHRと国連の人権メカニズムがLDCからの特に優秀な学生または卒業生から支援と貢献を受けることである。

プログラムは、研修およびOHCHRの任務を実際に体験することの2つのパートからなり、セミナー、実地研修およびこれらの後に行われるOHCHR内での任務担当を含んでいる。このフェローシップ・プログラムが今後数年間存

続するか否かは資金調達の可否にかかっている。

人権フェローシップ・プログラムは、LDC[3]出身の候補者のためのものである。候補者は、国連の職務に関連する分野（例：国際法、政治学、社会科または歴史学）の大学院生であるか、学位の保持者でなければならない。候補者は、出願時に満30歳未満でなければならない。

フェローの旅費はプログラムから支給され、フェローにはジュネーブ滞在中の生活費に充てるための給付金が支給される。また、査証（ビザ）の手配、住居、健康保険および傷害保険も提供される。

このプログラムの存続は十分な資金の調達の可否にかかっているので、興味をお持ちの方には、状況確認のため定期的にOHCHRおよびUNITARのウェブサイトを確認することをお勧めする。

人権LDCフェローシップの連絡先

国連訓練調査研究所（UNITAR）
United Nations Institute for Training and Research（UNITAR）
Palais des Nations
8-14, avenue de la Paix
CH-1211 Geneva 10 - Switzerland
電話：+41（0）22 917 86 40
ファックス：+41（0）22 917 80 47

4．国内人権機関職員のためのフェローシップ・プログラム

国内人権機関職員のためのフェローシップ・プログラムは、2008年に始まり、OHCHR内の**国内機関ユニット**が運営している。このプログラムは、国連人権システム、国内人権機関とOHCHRが一緒に行う取組み、国内人権機関のためにOHCHRが行う取組み、国内人権機関に関する技術的・実体的課題についての知識と実践的経験を得る機会を参加者に提供することを目的としている。フェローがその属する国内人権機関に戻り、これにより当該機関の国際人権分

---

[3] 後発開発途上国の指定を受けるために国連で使用されている基準の詳細は、ウェブサイト http://www.unohrlls.org/ を参照のこと。

野における能力が向上することが期待される。

　プログラムは、ジュネーブの OHCHR において実施される。1年に2人のフェローが選抜され、1人は1月から6か月間、もう1人は7月から6か月間の研修を受講する。フェローは、人権システムおよび関連するテーマ別問題について定期的に説明を受け、与えられた課題をこなし、プロジェクトに参画していく。

　候補者は、国際的に採択されている基準（「パリ原則」[4]）を満たしている国内人権機関において3年以上の直接経験を有する者で、かつ全国的、地域的、理想的には国際的に国内人権機関に関連する問題に取り組んできた豊富な経験を有する者でなければならない。

　候補者は、所属する国内人権機関からの推薦状を有していなければならず、プログラム終了後は所属する国内人権機関内の他の職員にフェローシップを通じて得た知識と経験を伝えていく意志を有していなければならない。さらに候補者は、英語またはフランス語に堪能でなければならない。OHCHR はフェローシップ期間中、給付金を毎月支給するという形で経済的支援をする。

　候補者は、願書（志望動機書、履歴書、所属する国内人権機関からの推薦状）を直接 OHCHR に提出しなければならない。国内機関ユニットは、人権の促進と保護のための国内機関に関する国際調整委員会事務局（ICC）と協議の上、候補者を選抜する。

4　国連総会決議48/134付属書参照。

願書の提出先

国内機関ユニット
National Institutions Unit
Office of the United Nations High Commissioner for Human Rights
Palais des Nations
8-14, avenue de la Paix
CH-1211 Geneva 10 - Switzerland
電話：+41 (0)22 928 92 83 または
　　　+41 (0)22 928 96 63
ファックス電話：+41 (0)22 928 90 18
E メール：niu@ohchr.org

　国内人権機関スタッフのためのフェローシップ・プログラムについて最新情報を知りたい方は、OHCHR のウェブサイトを参照のこと。

B. 研修ワークショップ

　研修ワークショップでは、特定の人権メカニズム、および、いかにしてその関与を強化していくかについて学ぶ機会を市民社会のアクターに提供する。

人権条約機関の提言をフォローアップする研修ワークショップ
　条約機関の提言をフォローアップする研修ワークショップは、国内市民社会のアクターを対象とするものであり、条約機関と協働する能力の向上を目的としている。

　OHCHR は、国内アクターを対象に、条約報告手続および条約機関の勧告のフォローアップに寄与する能力の向上を目的として、当該国でワークショップとセミナーを開催している。これらのワークショップにおいて、OHCHR は、国内人権機関、NGO および国内のメディア代表と協働して、国内アクターの能力向上と各人権条約機関の勧告の実施を支援するネットワークの構築を奨励している。

　2003年以降、OHCHR は世界各地でフォローアップのための研修ワークショップを実施している。研修プログラムは、人権条約報告手続をフォローし、

人権条約機関の取組みに関連する課題についての建設的な国民対話を維持する国内市民社会ネットワークグループ創設の枠組みとしての役割を果たしている。またOHCHRは、ワークショップとセミナーを通じて関心のある政府に対する研修を直接実施し、市民社会がこれらの活動に参加することを奨励している。

> **フォローアップ研修ワークショップの詳細についての連絡先**
>
> 人権条約局
> 条約・フォローアップユニット
> **Treaty and Follow-up Unit**
> Office of the United Nations High Commissioner for Human Rights
> Palais des Nations
> 8-14, avenue de la Paix
> CH-1211 Geneva 10 - Switzerland
> ファックス：+41 (0)22 917 90 22

先に紹介した研修プログラム以外にも、OHCHRは多くの現場での展開を通して、国際人権問題およびメカニズムに関する市民社会のための国内研修会や能力向上ワークショップ、セミナーを定期的に開催している。

> 人権条約機関の詳細については、本ハンドブックの第Ⅳ章（人権条約機関）を参照のこと。

第Ⅲ章　国連人権高等弁務官事務所の刊行物および参考資料

A．国連人権高等弁務官事務所の刊行物

　国連人権高等弁務官事務所（**OHCHR**）の出版プログラムは、人権および基本的自由についての意識を高め、それらを世界中で促進、保護する方法を広めることを目的としている。また、国連機関で検討中の人権問題についての議論を促進するものでもある。刊行物には主に5種類ある。
1. **ファクト・シート**は、広範な人権に関するトピックについて情報を提供する。
2. **特別課題文書**は、選定された課題についてより深く追求する。
3. **OHCHRの研修・教育教材**は、先住民族、マイノリティ、職能団体および教育機関向けのガイド、マニュアル並びにハンドブックで構成される。
4. **参考資料**は、人権問題に取り組む実務家向けに主要な人権分野の法律文書および判例の情報を提供する。
5. **人権基本情報**は、国連の人権関連の取組みについて一般社会に情報を提供する。

1．ファクト・シート

　OHCHRの**ファクト・シート**は、基本的人権に関する情報を提供する。特定の問題または集団を扱うファクト・シートや、国連の人権機関および同機関での手続を説明するファクト・シートがある。また、ファクト・シートは国連人権プログラムを利用する方法について、実践的な案内を提供する。

2．特別課題文書

　特別課題文書では選定された課題についてより深く追求する。トピックは話題性、緊急性および時事性を考慮して選定される。最近の特別課題文書には、「人権を保護するグッド・ガバナンスの実践」（*Good Governance Practices for the Protection of Human Rights*）、「ミレニアム開発目標を達成するために―人権からのアプローチ」（*Claiming the Millennium Development Goals: a human rights approach*）、

「紛争終結国における法の支配」(*Rule-of-law tools for post-conflict States*)、「国内人権機関の実効性を評価する」(*Assessing the Effectiveness of National Human Rights Institutions*)(国際人権政策委員会(International Council on Human Rights Policy)との共同出版)および「非市民の権利」(*The Rights of Non-citizens*)がある。

3．研修・教育教材

OHCHRの研修・教育教材は、国連人権システムの概観についての情報を提供し、また、警察官、刑務所職員、裁判官、議員、人権監視員、選挙監視員およびソーシャルワーカーその他特定の団体または個人等、様々な対象に対して研修・教育プログラムを実施するための実践的な手段を提供する。

専門研修シリーズは、国際的基準についての意識を高めるためのハンドブックおよびマニュアルで構成され、国内の人権状況に影響を与えることができる者を対象としている。当初はOHCHRの研修活動を補助する目的で作られたものだが、これらの刊行物は各機関が職能団体に人権教育を実施するための実践的な手段としても役立っている。研修マニュアルは、対象グループ内において、文化的、教育的および歴史的背景の異なる様々な対象者のニーズおよび経験に対応可能となっている。必要に応じて、これらのマニュアルを利用して研修を行う者を補助する目的で、教育方法についての情報も含まれている。

人権教育シリーズは、すべてのパートナーによる一般的な人権教育活動を補助する資料で構成される。このシリーズには、「人権教育のための世界計画」についての情報、人権教育および人権条約についての研究、人権教育を扱う国際的および地域的な法律文書の条項集、並びに教育者および教員への実践的なアドバイスを提供する冊子が含まれる。

最後に、**ガイドシリーズ**は、特定の集団または個人を対象にしており、様々な国際的、地域的手続を通じて対象者の権利の保護を求める方法についての情報で構成される。このシリーズには、「先住民族のための国連ガイド」(*United Nations Guide for Indigenous Peoples*)およびマイノリティが国連人権手続および地域メカニズムを利用する方法に関する14のパンフレットを含む「マイノリティのための国連ガイド」(*United Nations Guide for Minorities*)が含まれる。

4．参考資料

参考資料は、研究者および人権問題に取り組む実務家に対し、重要な人権関

連法律文書およびその他重要情報へのアクセスを提供するものである。例としては、「新主要国際人権条約」（*The New Core International Human Rights Treaties*）等の人権関連法律文書の編纂物や、「選択議定書に基づく国連人権委員会による決定集」（*Selected Decisions of the Human Rights Committee under the Optional Protocol*）または「拷問禁止委員会による決定集」（*Selected Decisions of the Committee against Torture*）等の人権条約機関からの判例集などがある。

5．人権基本情報

人権に関するテーマについてのポスターを含むこの資料の目的は、一般社会に対して国連の人権への取組みについて情報提供を行うことであり、また、国連人権プログラムについて特に頻繁に寄せられる質問への回答を示すことである。

OHCHR 刊行物の入手方法

OHCHR は**刊行物リスト**を定期的に更新している。ほとんどの OHCHR 刊行物は 6 種類の国連公用語、すなわち、アラビア語（A）、中国語（C）、英語（E）、フランス語（F）、ロシア語（R）およびスペイン語（S）のすべてで出版されている。

（w）の印が付された刊行物は **OHCHR ウェブサイト**から無料でダウンロードすることができる。タイトルにアスタリスク（*）が付された刊行物は**国連が販売する刊行物**であり、世界中の書店および代理店で購入することができる。

詳細については、ニューヨーク（アジア・環太平洋諸国、ラテンアメリカおよび北米の読者につき）またはジュネーブ（アフリカ、ヨーロッパおよび中東の読者につき）の国連ブックショップのウェブサイトを参照のこと。

OHCHR 刊行物についての現在の情報は、OHCHR 刊行物ウェブページを参照のこと。

新たな刊行物が入手可能となった際に E メールの受信を希望する市民社会のアクターは publications@ohchr.org. に連絡するとよい。

OHCHR のほとんどの刊行物はオンラインで入手可能である。また、特定の情報および研修活動についての冊子は若干数であれば下記宛てに注文可能である。

出版・情報デスク
Publications and Information Desk
Office of the United Nations High Commissioner for Human Rights
Palais des Nations
8-14, avenue de la Paix
CH-1211 Geneva 10
Switzerland
電話：+41 (0) 22 928 92 24
ファックス：+41 (0) 22 928 90 10
E メール：publications@ohchr.org

OHCHR 刊行物を注文する際には、以下を明記すること。
- 当該刊行物の使用目的
  研修コース、目的、日時、参加者等の情報を記載すること。
  研修または情報提供後のフィードバックを、郵送または E メールにより受け付けている。
- 各刊行物の希望部数
- 担当者氏名
- 組織名（該当する場合）
- 住所
- 電話
- ファックス
- E メール

刊行物注文フォームのダウンロードは OHCHR 刊行物ウェブページで行うこと。
　在庫がある場合には、適宜最寄りの国連事務所での受取りが可能である。部数には限りがあるほか、リスト上で黒塗りされた刊行物は在庫切れであることに注意すること。

OHCHR 刊行物の複写または複製を希望する商業出版者は、ジュネーブ国連事務所販売部門（United Nations Office at Geneva, Sales Section, Palais des Nations, 8-14, avenue de la Paix, CH-1211 Geneva 10, Switzerland, E メール：unpubli@unog.ch.）に依頼書を送付すること。

B. OHCHR 図書館

　ジュネーブの **OHCHR 図書館** では、OHCHR パートナー、国連人権メカニズム、専門家、OHCHR スタッフに対し、包括的な情報提供とレファレンス・サービスを行っている。同図書館は、他に存在しないような人権関連の文書、刊行物等を紙媒体および電磁的記録により保有している。同図書館は、人権教育と研修についての資料も有し、国連並びにその他世界中の主要な図書館および研究機関と提携し、利用者にオンラインでの検索とレファレンス・サービスを提供している。

　OHCHR 図書館は国際社会に貢献するものであるが、組織外の専門家で興味を有する者も利用することができる。ジュネーブを拠点とし、既にジュネーブ国連事務所で認可を受けた NGO は、同図書館を簡単に利用することができる。その他 NGO メンバーおよび市民社会のアクターは臨時利用証を受けることができる。

　同図書館は月曜日から金曜日の午前 9 時30分から12時30分および午後 2 時から 5 時まで開館している。訪問者は有効な写真付き身分証明書（国連の入館証、パスポート、身分証明書または運転免許証）が必要となる。閲覧図書は一般への貸出しは行っておらず、同図書館内で利用しなければならない。同図書館の利用は **OHCHR 図書館規則** に従うものとされる。未成年者は同伴者なしでは利用できない。

OHCHR 図書館の連絡先

OHCHR 図書館は Giuseppe Motta ビル 1 階（48, Avenue Giuseppe Motta, Geneva）に所在する。

同図書館は月曜日から金曜日の午前 9 時30分から12時30分および午後 2 時から 5 時まで開館している。訪問者は有効な写真付き身分証明書（国連の入館証、パスポート、身分証明書または運転免許証）が必要となる。

電話：+41（0）22 928 97 90
ファックス：+41（0）22 928 90 65
E メール：library@ohchr.org

C. その他 OHCHR の参考資料

OHCHR ウェブサイトは、国際人権メカニズムと OHCHR の活動に関連する刊行物、参考資料およびその他文書を検索するのに便利な情報源である。OHCHR ウェブサイトのメインページには、国、問題または専門的な関心対象ごとに人権関連情報（公文書を含む）を利用者に案内する検索ボックスがある。

また、すべての国連公文書が、国連の**公文書システム**により、オンラインで利用可能である。

メディアセンター

OHCHR の活動および国連人権メカニズムに関連する声明並びにプレスリリースは、メディアセンターを通じてオンラインで入手可能である。最新情報、会議およびイベントの予定、国連人権高等弁務官の声明、並びにプレスリリースのアーカイブは、OHCHR ウェブサイトで参照することができる。

情報、インタビューまたはコメントを求めるメディアアクターは下記通信部に問い合わせるとよい。

E メール：press-info@ohchr.org
電話：+41（0）22 917 97 67（OHCHR 広報担当官）
　　　+41（0）22 917 93 83（情報担当官）

> ℹ Eメールでの**ニュース配信**の受信は、press-info@ohchr.org に依頼書を送付すること。

特定の国連人権機関およびメカニズムについてのOHCHRの情報源については、本ハンドブックの関連する章を参照のこと。

第Ⅳ章　人権条約機関

人権条約機関の概論

◆ 人権条約機関とは何か

人権条約機関とは、各締約国が国連の人権条約を実施しているかどうかを監視するための、独立した専門家からなる委員会である。委員会は、条約に規定された義務の実施に向けた取組みについて、締約国が提出する定期的な報告を審査する方法でこれを行う。ほとんどの人権条約機関は個人通報を受け付け、検討できる体制を備えている。条約機関が自ら調査を実施する場合もある。その一つである**拷問防止小委員会**は、拷問から人々を守るため、自由を奪われた人々がいれば現地訪問を行う任務を与えられている。

◆ 人権条約機関はどう機能するのか

人権条約機関の締約国には、条約に規定された義務を履行するだけでなく、その義務をどのように履行しているかに関する定期的な報告の提出が求められる。関連する人権条約機関は、締約国から派遣された代表団の参加のもとに、これらの報告を検討する。その際には、締約国から提出された書面での追加情報はもちろん、報告の審査中に述べられた口頭での情報も含む、すべての情報が検討される。これらの人権条約機関は、国連機関や国内人権機関（NHRI）のほか、非政府組織（NGO）、専門家協会や学術機関のような市民社会のアクターからも情報を得る。

このプロセスに基づき、人権条約機関は「総括所見（concluding observations）」と一般に知られる文書を採択する。ここには、締約国が条約を実施するために取り組んだ積極的な側面と、さらなる行動をとるよう条約機関が勧告する分野が記載されている。

また条約機関は条約の実効性を高めるため、締約国から提出された報告の検討に加えて、次のような活動も行っている。

- **自由権規約委員会、人種差別撤廃委員会、拷問禁止委員会、女性差別撤廃委員会、移住労働者権利委員会、障害者権利委員会**、強制失踪委員会（2008年9月時点では未成立）（訳者注：2010年12月に創設）は、締約国によって人権が侵害されていると主張する個人（人種差別撤廃委員会、女性差別撤廃委員会、**障害者権利委員会**では個人の集団も含まれる）からの通報を検討する。**社会権規約の選択議定書**が発効すれば、同規約も個人通報制度を採用する。条約機関は、こうした通報制度の中で、緊急の場合は、問題についての最終決定を行うまでの間、現状を保全するために暫定措置をとることもできる。
- 拷問禁止委員会、女性差別撤廃委員会、障害者権利委員会、強制失踪委員会は、締約国において条約に対する深刻、重大または制度的な違反について根拠のある指摘を含む、信頼できる情報を入手した場合、調査を開始することができる。

- 人種差別撤廃委員会、自由権規約委員会、拷問禁止委員会、女性差別撤廃委員会、移住労働者権利委員会は、国家間の通報や紛争に対処する手続を有している。
- 人種差別撤廃委員会は、早期警報措置や緊急行動といった手続の充実を図ってきた。

人権条約機関は、条約の実施に関する実体的な指針を提供するため、一般的意見を採択したり、特定の主題に関するテーマ別討議を開催したりもしている。

◆ **人権条約機関にアクセスし、活用するには**

市民社会が人権の実現と人権保障に向けた取組みの発展に貢献するには、人権条約機関を活用するのが、効果的な方法である。

市民社会が人権条約機関システムに関与するにはいくつかの方法がある。ただし、条約機関ごとの固有の取決めを考慮した上で関わっていく必要がある。たとえば、

- 条約の批准を促進すること
- 締約国が報告義務を遵守しているか監視すること
- 人権条約機関に対して、報告を含む文書による情報や資料を提出すること
- 各人権条約機関の規則により、人権条約機関の会合にオブザーバーとして参加するか、または口頭で意見を陳述すること
- 人権条約機関の総括所見のフォローアップを行うこと
- 人権条約機関に対して個人通報を提出すること（自由権規約委員会、女性差別撤廃委員会、拷問禁止委員会、人種差別撤廃委員会、移住労働者権利委員会）
- 秘密調査を行うにあたって必要な情報を提供すること（拷問禁止委員会、女性差別撤廃委員会）
- 早期警報措置や緊急行動のために、情報を提供すること（人種差別撤廃委員会）
- 年一度の人権条約機関間会合に意見を提出すること

人権条約機関と連絡を取るには

下記のジュネーブ国際連合人権高等弁務官事務所を通じて、すべての委員会と連絡をとることができる。

［委員会の名称］
c/o Office of the United Nations High Commissioner for Human Rights
Palais des Nations
8-14, avenue de la Paix
CH-1211 Geneva 10 - Switzerland
ファックス：+41 (0) 22 917 90 29

A. 人権条約機関とは何か？

ここに挙げる9つの国際人権条約は、人権条約機関によって監視されており、人権の促進と保護のための法的義務を締約国に課している。国家が批准[5]や加入[6]を通じて人権条約を受諾すると、その条約の締約国となり、条約中に規定された権利を実現する法的義務を負うことになる[7]。条約は、批准または加入した国家が条約の規定を実施しているかどうかを監視するため、**独立専門家による国際委員会**（人権条約機関）の設置を規定している[8]。

国連の条約機関制度は、国家レベルでの人権保護の強化に関し、極めて重要な役割を果たしている。すべての人権条約機関に共通する第一義的な任務は、締約国から定期的に提出される報告を審査することによって**条約の実施状況を監視する**ことである。

2008年9月時点で、9つの人権条約機関が存在している。

- **自由権規約**（1966）とその選択議定書の実施を監視するための**自由権規約委員会**
- **社会権規約**（1966）の実施を監視するための**社会権規約委員会**
- **人種差別撤廃条約**（1965）の実施を監視するための**人種差別撤廃委員会**

---

[5] 批准、加入および承認はすべて、国が条約に拘束されることに同意するという行為を意味する。批准の前の段階として、条約への署名がおこなわれると、署名から批准、受諾または承認までの間、国には当該条約の趣旨および目的を失わせることとなるような行為を誠実に控える義務が生ずる（1969年**条約法に関するウィーン条約**第18条参照）。

[6] 加入とは、条約に署名していない国が国連事務総長に「加入書」を寄託することにより条約の締約国となることについて同意を表明するという行為である。加入は、批准、受諾または承認と同じ法的効果を持つ。

[7] 国が留保した条約の規定を除く。留保は、国による、条約の特定の規定の自国への適用について、その法的効果を排除しまたは変更することを意図した声明である。国は、留保をしなければ参加することができないかまたは参加する意思を有さない多国間条約に、留保を付すことで参加することが可能となる。国は、条約の署名、批准、受諾、承認または条約への加入の際に留保を行うことができる。留保は、条約の趣旨および目的に反するものであってはならない。

[8] 社会権規約は、条約機関の設置を明示的に定めていないが、国連経済社会理事会（ECOSOC）に、その実施を監視する権限を与えている。1985年、締約国の報告の検討を補佐するためにECOSOCにより設立された会期内作業部会は、条約機関をモデルとして再編成され、「経済的、社会的及び文化的権利に関する委員会」に名称が変更となった（ECOSOC決議1985/17）。同委員会は、1987年に最初の会合を持ち、条約機関とみなされている。

- 女性差別撤廃条約（1979）の実施を監視するための**女性差別撤廃委員会**
- 拷問等禁止条約（1984）の実施を監視するための**拷問禁止委員会**
- 拷問等禁止条約選択議定書（2002）の実施を監視するための**拷問防止小委員会**
- 子どもの権利条約（1989）とその選択議定書の実施を監視するための**子どもの権利委員会**
- 移住労働者権利条約（1990）の実施を監視するための**移住労働者権利委員会**
- 障害者権利条約（2006）の実施を監視するための**障害者権利委員会**[9]

強制失踪条約（2006）が効力を持ち次第、10番目の人権条約機関である**強制失踪委員会**も創設される[10]。

上に示したように、条約の中には、その締約国が批准できる**選択議定書**によって補完されているものもある[11]。選択議定書はさらなる実体的権利を定めているか、または、さらなる監視手続を定めている。国際人権条約には7つの選択議定書が存在する。

- 自由権規約の選択議定書
- 死刑廃止を目的とするのための自由権規約の第2選択議定書
- 女性差別撤廃条約の選択議定書
- 武力紛争における子どもの関与に関する子どもの権利条約の選択議定書
- 子どもの売買等に関する子どもの権利条約選択議定書
- 拷問等禁止条約の選択議定書
- 障害者権利条約の選択議定書[12]

---

9 国による人権条約の批准および加入は、近年著しく増加している。2008年9月30日までに、自由権規約については162か国が、社会権規約については159か国が、人種差別撤廃条約については173か国が、女性差別撤廃条約については185か国が、拷問等禁止条約については145か国が、子どもの権利条約については193か国が、移住労働者権利条約については39か国が、障害者権利条約については40か国が、それぞれ締約国である。

10 2008年9月30日までに、5か国が、強制失踪条約を締結している。この条約は、20か国が批准または加入した時点で効力を有する。（訳者注：2010年12月に強制失踪条約は発効した。）

11 国は、子どもの権利条約に署名すれば、批准または加入していなくとも、子どもの権利条約選択議定書を批准することができる。

12 2008年9月30日までに、自由権規約の選択議定書については111か国が、死刑廃止を目的とする自由権規約第2選択議定書については68か国が、女性差別撤廃条約の選択議定書については92か国が、武力紛争における子どもの関与に関する子どもの権利条約の選択議定書については123か国が、子どもの売買等に関する子どもの権利条約の選択議定書については129か国が、拷問等禁止条約の選択議定書については35か国が、障害者権利条約の選択議定書については24か国が締約国になっている。

国連人権理事会は2008年6月18日に、**社会権規約**の選択議定書を採択した[13]。

委員会は人権の分野において能力を認められた10人から23人の独立専門家から構成されている。委員は締約国によって指名および選出され、任期は4年で再任も認められる。最近の条約では、条約機関の委員の任期を2期までに制限している。

すべての人権条約機関は、**国連人権高等弁務官事務所（OHCHR）人権条約局**の条約およびフォローアップユニットによるサービスの提供を受けている。ここでは、条約機関への意見、報告および伝達事項の受領、報告の準備、調査の実施、締約国への技術協力、締約国への指導および助言の提供、会合の開催、その他条約機関から要請された後方支援などが行われる。

すべての条約機関の会合はジュネーブまたはニューヨークで開催される[14]（ジュネーブで開催される場合は通常OHCHRの主たる建物であるパレ・ウィルソンで行われるが、パレ・デ・ナシオンの場合もある）。OHCHRは、障害をもつ専門家、政府代表および市民社会の代表が条約機関の職務に従事できるように、会議室、文書および技術の利便性の確保に努めている。

人権条約機関システム		
人権条約機関	基本条約	基本条約の選択議定書
自由権規約委員会 1977年創設	自由権規約（ICCPR） 1966年採択	自由権規約の選択議定書 （個人通報制度を採用） 1966年採択 死刑廃止を目的とする自由権規約第2選択議定書 1989年採択
社会権規約委員会 1985年創設	社会権規約（ICESCR） 1966年採択	社会権規約の選択議定書が国連人権理事会によって2008年6月に採択された。2008年の国連総会で採択される予定であり、こ

---

[13] 国連総会も、2008年にこれを採択することが見込まれている。（訳者注：2008年12月に国連総会は社会権規約の選択議定書を採択した。）
[14] 人権委員会の3月（「春」）の会合は、ニューヨークで開催される。女性差別撤廃委員会の会合は、ニューヨークとジュネーブの両方で開催される。

		れが発効すれば、追加議定書により個人通報制度が採用される。（訳者注：2008年12月の国連総会で社会権規約の選択議定書が採択され、個人通報制度が採用される運びとなった。）
人種差別撤廃委員会 1970年創設	人種差別撤廃条約 （ICERD） 1965年採択	選択議定書なし
女性差別撤廃委員会 1982年創設	女性差別撤廃条約 （CEDAW） 1979年採択	女性差別撤廃条約の選択議定書 （個人通報制度を採用） 1999年採択
拷問禁止委員会 1987年創設	拷問等禁止条約（CAT） 1984年採択	次項を参照
拷問防止小委員会 2006年創設	拷問等禁止条約の選択議定書（OPCAT）（国家的および国際的な監視メカニズムを採用している） 2002年採択	
子どもの権利委員会 1991年創設	子どもの権利条約 （CRC） 1989年採択	武力紛争における子どもの関与に関する子どもの権利条約の選択議定書 2000年採択 子どもの売買等に関する子どもの権利条約の選択議定書 2000年採択
移住労働者権利委員会 2004年創設	移住労働者権利条約 （ICRMW） 1990年採択	選択議定書なし
障害者権利委員会 2008年創設	障害者権利条約 2006年採択	障害者権利条約の選択議定書 （個人通報制度を採用） 2006年採択
強制失踪委員会 2008年9月現在、未成立	強制失踪条約 2006年採択（2008年9月現在、未発効）（訳者注：2010年12月発効）	選択議定書なし

第Ⅳ章　人権条約機関

人権条約機関に関するOHCHRの情報

国際人権条約および人権条約機関についてのさらに詳しい情報は、OHCHRのウェブサイトおよび以下のOHCHRファクト・シートから入手できる。
- No. 10（Rev. 1）：子どもの権利
- No. 12：人種差別撤廃委員会
- No. 15（Rev. 1）：市民的および政治的権利：自由権規約委員会
- No. 16（Rev. 1）：社会権規約委員会
- No. 17：拷問禁止委員会
- No. 22：女性に対する差別：条約と委員会
- No. 24（Rev. 1）：移住労働者に関する国際条約とその委員会
- No. 30：国連の人権条約システム：中心的な人権条約とその条約機関の紹介
- No. 7（Rev. 1）：通報手続

OHCHRファクト・シートの最新リストはOHCHRのウェブサイトを参照のこと。

締約国の報告に関する詳細については、「締約国の報告手続に関する人権条約機関の作業方法に関する報告（HRI/MC/2008/4）」を参照のこと。

B.　人権条約機関の機能

人権条約機関は、締約国がどのように条約を実施しているかを監視するために、多くの働きを担っている。条約機関の活動は互いに連携しているものの、それぞれの手続と実務は異なる。この章の最後の付録に、市民社会の活動に関連するいくつかの主な相違点を記載する。

1．締約国の報告義務

条約を批准しまたは条約に加入すると、その国は条約の実体規定の実施義務のみならず、関係委員会に対して、義務の実施のためにとった措置に関する**定期報告**を提出する義務も負うことになる。

報告には、締約国が条約の規定を実施するために採択した法的、行政的、司法的その他の措置を記載しなければならず、また当該国が直面する障害に関する情報も提供しなければならない。これらの報告は、最終的に締約国から派遣された代表団の参加のもとで関係する委員会によって検討される。

最初の報告は、通常、当該国において条約が発効してから１〜２年後に要求される。２回目以降の報告については、条約の規定と委員会による決定に基づき、２〜５年のサイクルで行われる。いくつかの委員会は合併報告を受け付けており、その場合、締約国は、委員会に提出しなければならない２つ、またはそれ以上の定期報告を１つの報告にまとめて提出することができる。多くの条約機関は、総括所見の中で次回の報告の提出期限を指定する。

締約国は、条約機関に提出する報告の準備について、国際義務の履行とだけ考えるのではなく、政策の立案のために当該締約国内の人権保護状況を評価する機会と考えるよう奨励されている。

２．条約機関による締約国の報告審査

事前質問事項

締約国から提出された報告を審査する会期に先立ち、委員会は**事前質問事項**を作成し、締約国に送付する。締約国は通常、事前質問事項に対する回答を書面で提出し、これらの回答はOHCHRのウェブサイトに登載される。

事前質問事項に対する書面での回答は、締約国から提出された報告を補完し、定期報告の提出から審査までの期間が長く空いてしまうときに特に重要となる。

女性差別撤廃委員会、社会権規約委員会、子どもの権利委員会では、１週間の会期前作業部会を招集し、そこで審査を控えている締約国の報告に関する事前質問事項を作成する。自由権規約委員会は、**国別報告タスクフォース**[15]にこれを委任し、タスクフォースは、当該締約国の報告審査が行われる会期より前の会期内に会合をもつ。

多くの委員会では、委員のうちの一人を**国別報告者**に任命し、その者が担当国に対する事前質問事項を取りまとめる。

その他の情報

締約国から提出される報告に加えて、人権条約機関は条約規定の実施状況に関する情報を受け取ることができる。その情報提供者は、国連諸機関、基金、

---

[15] 国別報告タスクフォースは、国別報告者と、議長により指名された４〜６人の委員により構成される。

計画およびその他の政府間組織、国内人権機関のほか、特にNGO（国内および国際の双方を含む）、職能団体や学術機関のような市民社会のアクターである。

締約国の報告審査

締約国は、委員会の会期に招請され、そこで報告を提示し、委員からの質問に回答し、また委員会に対して追加情報を提供する。利用可能な情報をすべて踏まえたうえで、委員会は政府代表団とともに報告審査を行う。締約国が可能な限り十分にかつ効果的に条約を実施するのを支援するため、建設的対話を行うことが審査の目的である。条約機関は司法機関ではなく、条約の実施状況を監視し、締約国に奨励と助言を与えるのである。

> **次回の人権条約機関会期**と参加予定の締約国に関する最新情報は、OHCHRのウェブサイトの人権条約機関セクションで閲覧可能で、情報は定期的に更新されている。

総括所見と勧告

締約国との対話およびその他の入手した情報をもとに、人権条約機関は一般に**総括所見**[16]として知られる文書を採択する。この文書には、締約国による条約の実施について積極的に評価できる側面と、条約機関が締約国に対してさらなる行動を勧告する部分の双方が記載される。その後の定期報告において、条約規定と同様に、勧告を実施するためにとられた措置について委員会に報告することが、締約国にとって重要である。

勧告のフォローアップ

締約国の勧告の実施を支援するため、人権条約機関は、総括所見の効果的なフォローアップを確保するための方法を導入し始めた。いくつかの委員会は、総括所見の中で、締約国が特定の勧告または「優先的懸念」についてとった措置について、合意された期間内に、国別報告者またはフォローアップ報告者に報告するよう求めている。その後、報告者は委員会への報告を行う。

条約機関の委員が、報告と、総括所見の実施のフォローアップのため、締約国からの招待を受けて締約国を訪問することもあった。

---

16 条約の文言に従い、いくつかの委員会では「総括コメント」とも言われる。

3．締約国による権利侵害を主張する個人からの通報の検討

7つの人権条約機関は、特定の条件を満たす場合に、締約国によって権利が侵害されたと主張する**個人からの通報**を検討することができる。7つの機関とは、人種差別撤廃委員会、自由権規約委員会、拷問禁止委員会、女性差別撤廃委員会、移住労働者権利委員会、障害者権利委員会、強制失踪委員会である。**2008年9月時点では、移住労働者権利委員会の通報制度は発効しておらず、また強制失踪委員会の通報制度も創設されていない**。社会権規約についても、選択議定書が発効することで個人通報が可能となる。

条約機関は、締約国が関連する条約の条項に基づいて**宣言**を行うか、または関連する選択議定書を批准することによって条約機関の個人通報制度の権限を明示的に認めない限り、当該締約国に関する通報を検討することができない。

> **個人通報制度**に関するより詳しい情報については、本ハンドブックの第Ⅷ章（人権侵害に関する申立ての提出）を参照のこと。通報の方法に関する助言や説明を含む、条約機関に関する個人通報に関しての詳細な情報は、OHCHRのウェブサイトの人権条約機関セクションからも入手できる。

4．国家間通報および紛争

いくつかの人権条約には、ある締約国による条約違反を、他の締約国が条約機関に対して通報できるという規定がある。**2008年9月時点で、この制度が実際に使用されたことはない。**

5．調　査

4つの条約機関——拷問禁止委員会、女性差別撤廃委員会、障害者権利委員会、強制失踪委員会（創設されれば）（訳者注：強制失踪条約の発効に伴い創設された。）——は、締約国においてそれぞれの条約の深刻な、重大なまたは制度的な違反を示す信頼できる情報を受理した場合、秘密調査を実施することができる。この手続を適用除外とし、調査を実施する委員会の権限を明示的に排除している締約国に対しては、調査を実施することができない[17]。

正当な根拠があり、かつ締約国の同意がある場合には、締約国を訪問して調査を行うこともできる。こうした調査の結果は、委員会による検討の後、いずれかのコメントおよび勧告とともに当該締約国に通知される。

調査手続は内密に実施され、調査手続のすべての段階において締約国の協力が求められなければならない。

> 調査に関する最新の情報は、**国連人権条約システムのファクト・シート No. 30**に登載されている。

6．早期警告と緊急行動手続

1993年以降、人種差別撤廃委員会は**早期警告**と**緊急行動**に関する手続を充実させてきた[18]。早期警告手続は、締約国の現在抱えている問題が新たな紛争に発展するのを防ぐこと、および、紛争が再び勃発するのを防止することを目的としている。緊急行動手続は、人種差別撤廃条約に対する重大な違反の拡大および増加を防ぎ、制限するために早急な処置を講ずる必要がある問題に対応することを狙いとしている。実際は、これらの手続は同時に用いられる。これらの手続は委員会自身、または先住民族の集団などの市民社会のアクターを含む当事者によって遂行される。

7．一般的意見

各人権条約機関は、**一般的意見**という形で、監視を行っている人権条約規定の解釈を公表している（人種差別撤廃委員会、女性差別撤廃委員会は「一般的勧告」という用語を用いている）。

一般的意見は条約の実施に関して指針を提供するものである。内容は多くのテーマにわたっており、その範囲は条約の実体的規定の包括的解釈から、条約

---

17 拷問等禁止条約の締約国は、批准または加入の際に、第28条に基づく宣言を行うことで適用を除外することができる。同様に、女性差別撤廃条約選択議定書の締約国は、第10条に基づく宣言を行うことにより委員会の権限を排除することができる。手続を適用除外としたいずれの国も、後に、当該手続を受諾することができる。

18 A/48/18, Annex III.

中の特定の条文に関して締約国が報告の中で記載すべき情報に関する一般的な指針に及ぶ。

> 人権条約機関によって採択された**一般的意見と一般的勧告**は、毎年編纂される。これらの意見および勧告、並びに人権条約機関の討議予定に関する情報は、**OHCHR**のウェブサイトの人権条約機関セクションを参照のこと。

8．一般的討議の日およびテーマ別討議の日

多くの人権条約機関が、特定のテーマまたは懸念事項に関する一般的討議を行う日を設けている。これらのテーマ別討議は通常、国連のパートナー、締約国の代表並びにNGO、学術機関、職能団体および個人の専門家をはじめとする市民社会のアクターなどの外部の参加者にも公開されている。その成果は、人権条約機関が新たな一般的意見を作成する際の一助となりうる。また、この討議は、締約国およびその他の利害関係者が条約の要請を理解する手助けにもなる。

9．人権条約機関年次議長会議と委員会間会議

人権条約機関年次議長会議はジュネーブで開催され、人権条約機関の委員に対して、委員会の業務を議論し、条約機関システムが全体としてより効果的に機能するための方法を探る議論の場を提供している。これらの会議で取り上げられてきた問題には報告手続の合理化と全面的な改善、委員会の作業方法の調和、国際会議のフォローアップおよび財務に関する問題がある。国連のパートナーやNGOとの非公式協議はもちろんのこと、締約国同士の非公式協議も、議長会議の特徴である。

委員会間会議は、それぞれの人権条約機関の議長およびそれぞれの委員会につき2人の追加委員によって構成される。年次議長会議よりも広く代表されることから、委員会間会議は作業方法その他の問題に関する勧告についてより詳しい議論を行うことができる。

> 人権条約機関年次議長会議と委員会間会議に関する最新の情報については、OHCHRのウェブサイトを参照のこと。

10. 条約機関改革

人権条約機関の手続と作業方法は、国連が近年取り組んでいる制度改革の一部として、議論の俎上に上っている[19]。人権条約機関の改革では、作業方法の調整と均一化が焦点となっている。これには、「模範とすべき実践例」の採用や、**共通の中核文書および対象となる条約別報告を使用することによる締約国の報告義務の合理化**が含まれる[20]。

加えて、人権条約機関は、条約機関同士と**国連人権理事会**との効果的な協力関係の構築に向けて尽力している。特に、新たに始まった**普遍的定期審査**や、**特別手続**の任務保持者との強化された関係の持ち方を発展させるという観点から、これを行っている[21]。人権条約機関とその手続の増加に伴い、より構造的な改革が議論されてきている。たとえば、ルイーズ・アルブール国連人権高等弁務官（当時）が2005年に提唱した単一の常設条約機関の設置がそうである。

C. 人権条約機関へのアクセスと活用方法

人権条約機関の活用は、人権の実現および具体的な人権ガイドラインの作成の進展に貢献する市民社会にとって極めて効果的な方法であることが証明されてきた。各国において、市民社会は、人権条約機関の作業に関連する監視や宣

---

[19] 2002年の報告書「国連を強化する―さらなる変革のための課題」（A/57/387 and Corr. 1）において、コフィ・アナン国連事務局長（当時）は、人権条約機関に対して、その活動についてより協調的な方法を取るよう要請した。2005年3月、報告書「一層大きな自由の中で―すべての人にとっての開発、安全保障および人権に向けて」において、国連事務局長は、「条約機関が統一されたシステムとして機能するよう、すべての条約機関への報告に関する協調的ガイドラインが完成され、実行されること」を要請した。（A/59/2005, パラ147）

[20] 「共通の中核文書および対象条約別文書に関するガイドラインを含む、国際人権条約に基づく報告に関する協調的ガイドライン」（HRI/MC/2005/3）を参照のこと。

[21] 「国際人権文書に基づく義務の報告を含む、国際人権文書の効果的な実施」（A/62/224）

伝、フォローアップといった活動を通して重要な役割を担っている。人権条約機関の作業は、報告サイクルの様々な段階、通報や早期警告などの手続において、市民社会のアクターの積極的な参加による恩恵を受けている。

NGO は伝統的に、人権条約機関、その中でも特に条約機関会合に関わる市民社会のアクターの中心的な存在である。個人専門家、人権擁護者、学術・研究機関の代表、職能団体のメンバーをはじめとするその他の市民社会のアクターも、しばしば条約の報告手続に貢献している。特に委員会への情報提供や会合への参加といった形での関与は、しばしば人権条約機関の報告手続に精通し、積極的な NGO により促進される場合がある。

子どもの権利条約、移住労働者権利条約、障害者権利条約は、それぞれの条約機関の作業において、「その他の権限ある機関」の役割を明示的に想定しており、最初の 2 つの条約においては、NGO を意味するものと解釈されてきた。さらに、社会権規約委員会、子どもの権利委員会では、その作業において市民社会の参画（これらの委員会の場合は特に NGO に焦点が当てられている）に関するガイドラインが採用されている[22]。

市民社会のアクターとの関係の持ち方は各人権条約機関で異なる。**その一覧は、本章の最後に登載されている。**

1．新たな国際文書の採択と既存の条約の批准および加入の促進

市民社会は、新たな国際文書の起草および採択において、重要な役割を担うことができる。新しい条約の起草を支持したり、また、その条約を国家が採択することを促進したりすることで、市民社会のアクターは、国際規範と人権の保護の強化に寄与することが可能になる。

---

[22]「NGO の経済的、社会的および文化的権利に関する委員会への参加」（E/C. 12/2000/3）およびパートナーの参加に関するガイドライン（CRC/C/90, annex VIII）参照。

新たな人権基準を作成するにあたっての市民社会の役割

障害者権利条約とその選択議定書

　2006年12月、国連総会は障害者権利条約とその選択議定書を採択した。市民社会、特に障害者とその代表組織は、これらの文書の採択の準備段階におけるあらゆる局面で重要な役割を果たした。文書の協議に参加した市民社会の代表たちは今、国家による同条約の批准を促進する活動を行っている。

　障害者権利条約は2002年から2006年にかけて議論され、最も速やかに交渉がまとまった人権条約となった。その採択に際し、当時の高等弁務官であるルイーズ・アルブール氏が、この新しい条約の起草段階における国家、国連、市民社会および国内人権機関の間でなされた前例のない協働関係について次のように述べている。

　私は、この記念すべき機会のために揺ぎない力を発揮した障害者コミュニティに賛辞を送りたいと思う。その役割は変革の源であった。他のいかなる宣言や声明にも増して、障害者運動は、平等と正義への正当な願望を法の力に基づいて達成するために、惰性や無関心、そしてしばしば公然となされる抵抗と闘うことが可能であることをあらゆる意味で証明したのである。

強制失踪条約

　市民社会のアクター、特に強制失踪の被害者の家族で構成される団体は、この条約を起草した（人権理事会の前身である）人権委員会の作業部会の会合に積極的に参加していた。娘がアルゼンチンで強制失踪の被害に遭ったというマルタ・オキャンポ・ドゥ・ヴァスク氏は、30年間にわたって、強制失踪の撲滅を目指し、国際文書の採択のためにこの問題に取り組み、作業部会の会合において、アメリカ被拘禁者・失踪者親族会連合（FEDEFAM）の代表を務めている。2006年6月22日の人権理事会の初会合で、同条約の採択に先立ち、彼女は次のように述べた。

　1977年5月、私は5月広場の母たち（Madres de Plaza de Mayo）の旗揚運動に加わりました。こうして私は仲間の女性たちとともに、学び始めました。そして、私は決して自分の娘と義理の息子だけを捜しているのではなく、アルゼンチンで、そしてラテンアメリカで失踪したすべての息子と娘を、そして今日、世界中のすべての失踪者を捜しているのだと気づきました。

私はあなたがたに、愛する人が拘禁され失踪してしまった後、私たちが捜し出すすべが見つからないというつらい結果を迎えなければならなかったことを知ってもらいたいのです。援助もなく、人身保護令状も、裁判所による保護命令も効力をもたないのです。その時はじめて私たちは、国際社会に助けを求めようとしましたが、そこに一切の救済措置が存在しないことを発見し、失望したのです。それゆえ、私たちは今一度、この場所に立ち、議長、あなたに、そして人権理事会にお集まりの各国代表の皆様に最終的にこの条約を承認してくださることをお願いしているのです。私たちが歩んできた長い道のりには達成も幻滅もありましたが、今日、私たちは世界で強制失踪という人道に対する犯罪の被害者をこれ以上生み出さないよう、あなたがた全員にお願いします。

　条約や追加議定書の批准や加入を未だに行っていない国家がある場合、当該国の市民社会のアクターは、国内人権機関や国内メディアと協働してその問題に対する市民の意識を喚起することで、政府に対し、条約や追加議定書を批准または加入するよう促すことができる。

　i 人権条約と追加議定書の**批准状況**に関しては、OHCHRのウェブサイトを参照のこと。

２．締約国の報告義務の監視

　締約国は、様々な事情のために、必ずしも常に報告義務を滞りなく達成できるとは限らない。市民社会は、政府に対して報告の提出期限を守るよう働きかけ、また一般世論に対して締約国が期限までに報告を提出する義務があるということを呼びかけ、意識の喚起を図ることもできる。市民社会のアクターはまた、締約国に対して、活動の中で収集した条約の実施に関する補完的な情報を提供したり、条約の実施に向けて国家とパートナーシップを組んで活動することもできる。

　締約国が長期間にわたって報告を提出しない場合や、委員会の報告提出要請に対して応答しない場合、人権条約機関は、締約国からの報告なしに、いずれか一つの会期において、当該国の状況を審査することができる。この手続は、**審査手続**（review procedure）として知られている。

市民社会のアクターは国連のパートナー組織とともに、審査手続に対して情報を提供することができる。提供された情報および締約国との対話に基づき、委員会は勧告も含めた総括所見の発表を行う。

3．文書による情報提供

委員会は、各締約国における条約の実施を効果的に監視するため、報告手続の全段階を通じて、それぞれの条約が対象とするすべての分野における追加的な情報を歓迎している。市民社会のアクターにとって、追加的な情報を提供する最も効果的な方法は、**文書による報告**である。有用な報告の多くは、多くの市民社会のアクターの協力と協働の結果、生み出されたものであることが多い。それゆえに、市民社会のアクターは、当該締約国に関して共同で報告を作成し、提出することが奨励される。

情報を提出する際の形式は、それぞれの条約機関で異なる。一般に、市民社会のアクターは、締約国が条約機関に報告を提出した後、当該締約国に関する報告や資料などを審査開始前までに提出すべきである。

社会権規約委員会、女性差別撤廃委員会および子どもの権利委員会は、事前質問事項を作成する会期前作業部会における、国内外のNGOおよびその他の市民社会のアクター（特に個人の専門家、学術機関、職能団体や議員）からの文書による情報提供を歓迎している。子どもの権利委員会は、文書による情報提供の期限を、会期前作業部会の2か月前に設定している。学術機関および職能団体を含む市民社会のアクターは、拷問禁止委員会と自由権規約委員会の国別報告タスクフォースに対しても、文書による情報提供を行うことができる。

人権条約機関に対する文書による情報提供は、一般的に公開の情報とみなされる。しかしながら、委員会は、特別な要請があれば当該情報を内密に取り扱う。

市民社会のアクターによって提出された文書による報告は公式な国連文書とはならず、一切の編集も翻訳も行われない。それゆえ、市民社会のアクターにとっては、報告をどの言語で提出するか検討し、その提案が関連する委員会の作業言語のひとつであるようにすることが重要である。

文書で情報を提出する前に、下記について確認することが重要である。

- 当該国が関連する国際条約を**批准または加入により締結している**か。批准または加入しているのであれば、どの条項に関してどのような留保が付されているか。（一般的には、留保は、市民社会のアクターが特定の問題に対処することや特定の問題について委員会に注意喚起を求めることを妨げない。）
- **当該国が報告を提出する期限はいつで、関連する委員会の次会期はいつ予定されているか**。これらの日程は直前になってから変更されることもあるので、それぞれの会期の準備過程において関連する委員会の事務局と定期的に連絡を取り合うことが重要である。
- 検討中のまたは検討されていた主要な議題は何であるか。市民社会のアクターにとって、**過去の総括所見や過去の事前質問事項はもちろん、それまでに当該国が提出してきた報告の内容**に精通していることも重要である。
- それぞれの人権条約機関が定める**報告に関するガイドライン**。（これにより、市民社会のアクターは、それぞれの国家が提出する報告がどの程度ガイドラインに沿ったものであるかを監視するのに役立つことができる。）

報告書の提出

市民社会のアクターにとって、人権条約機関に情報を提出する最も有用な方法は、国別報告とは別に報告書を作成する方法である。

市民社会のアクターが報告書を作成するにあたっては、既存の人権条約機関の定める報告に関するガイドラインに精通していることが望ましい。報告書は、公式の国別報告の構成に類似させるようにすべきである。目標としては、当該締約国の法律、政策そして実務がどの程度条約の原則や基準に従ったものであるかを体系的に分析したものにするべきである。

報告書は以下のようにするべきである。
- わかりやすく明確で、かつ正確で客観的であること
- 条約の実施にあたって作成者が問題と考えている点を強調し、当該国が人権状況を改善するための具体的な勧告を行うこと
- 人権条約機関が事前質問事項を作成する際や会合準備をする際、および総括所見を起案する際に当該報告を考慮してもらうため、当該国の予定されている報告審査期日より可能な限り早く提出すること

ガイドライン：
- 市民社会のアクターが提供する情報は、国を特定したものであり、かつ提出先の人権条約機関の任務に関連するものでなければならない。可能であれば、侵害されているとされる人権を規定している条約の条文を直接引用するべきである。

- 人権侵害の通報は、常に関連する証拠および資料により裏付けがなされていなければならない。
- すべての情報は正確に参照されていなければならない。国連の文書を参照する際には、頁番号が言語によって異なる可能性があるので、項番号を明記するべきである。これは国別報告を引用する際にも言えることである。国別報告は、国連が公式に発行している版を用いて項番号を明記しなければならない。
- 関連する人権条約機関の事務局は、市民社会から提出された資料を複製する能力を備えていないので、電子データおよび複数のハードコピーを関係する人権条約機関の事務局に提出しなければならない。
- 侮辱的とみなされる言葉を含む文書は受理されない。

市民社会が特定の人権条約機関に提出した文書は、**OHCHR のウェブサイト上の人権条約機関セクションにおいて入手可能である。子どもの権利委員会においては、子どもの権利に関する情報ネットワーク（子どもの権利条約のための NGO グループ）のウェブサイトにおいて入手可能である。**

それぞれの人権条約機関別の文書による情報提供に関する情報は、本章の最後の表にまとめてあるので参照のこと。

社会権規約の実施に関する報告の研修ワークショップ

2007年6月、OHCHR のグルジアの現地拠点は、トビリシで20の NGO 代表に向けた社会権規約委員会報告の提出についてのワークショップを開催した。このワークショップは委員会の2人の委員によって進行され、以下の事項が模索された。
- 国際人権に関する文書、監視体制、および NGO の役割に対する関心を高めること
- 平等や非差別といった概念の理解、および社会権規約の実施への参画を促進すること
- 規約の実施にあたって進歩を監視する市民社会の役割について知見を深めること

この能力開発訓練のフォローアップとして、2007年には地元の NGO との円卓会議が何度か開催された。

4．人権条約機関の会期への参加と貢献

会期への参加

締約国の報告は、市民社会のアクターもオブザーバーとして参加できる公式な会合で検討される。人権条約機関の会期に参加することにより、市民社会のアクターは、以下のことができる。

- 委員会全体または個々の委員に対して説明をすること
- 国家と委員会の間でなされる対話を監視すること
- 委員会の提起する問題と委員会の作成する勧告を直接知ること

市民社会の委員会の会期への参加や、会期前期間の参加について規定する規則や実務は、委員会によって異なる。

人権条約機関の会期に参加する資格認定を受けるには、事前に関連する事務局に要請しなければならない。

会期への貢献

個人の専門家や学者、職能団体の代表を含む市民社会のアクターは、委員会の会期において積極的な役割を担っている。これらの人々は委員会と締約国との間で行われる対話には参加できないが、委員に対して、これらの人々の文書に含まれる問題に関してプレゼンテーションを行うことができる。

多くの委員会は、市民社会のアクターによる口頭での情報提供のための時間を設けている。委員会の会期および会期前作業部会における口頭での情報提供についての詳細は、本章の付録に登載されている。

委員会の会期

自由権規約委員会、社会権規約委員会、拷問禁止委員会、女性差別撤廃委員会および移住労働者権利委員会は報告審査会期において、口頭での情報提供の時間を設けている。この制度によって、市民社会のアクターは、報告に記載された特に重要な問題について、委員会に対し口頭で説明を行う機会を得られる。

公開されている社会権規約委員会、女性差別撤廃委員会の会合を除いて、市民社会のアクターによる口頭での意見表明は、非公開で行なわれることに留意していただきたい。

会期前作業部会

社会権規約委員会、女性差別撤廃委員会、子どもの権利委員会は、市民社会のアクターが会期前作業部会に参加できる時間を設けている。他の委員会はこのような参加の機会につき公式な手段を提供していないが、関連する委員会の事務局に問い合わせることで、委員と非公式な会合を設定することができる可能性がある。

会期前作業部会に対する市民社会の提案は、締約国へ送付する事前質問事項に加えることができる。会期前作業部会は、市民社会のアクターが文書による情報提供または報告書を提出する機会も提供している。多くの委員会は、政府代表が会期前の会合に参加することを認めていない。

人権条約機関の会期および会期前作業部会における口頭での陳述に関するガイドライン

- 口頭での陳述は特定の条約に関連したものでなければならない。
- 口頭での発言は委員会が規定する制限時間を順守しなければならない。
- これらの会合では通常、通訳が用意されており、市民社会の代表は、口頭陳述の原稿を通訳者のためにきちんと用意しておくべきである。
- 通常、小規模の十分に調整された代表団の方が、単一争点の大規模な代表団よりも効果的である。
- 侮辱的または攻撃的とみなされる言葉は認められず、そのような言葉を使用した者は会期から排除される。

NGOおよびその他の市民社会のアクターは、関連する委員会の事務局と連絡をとって、参加の計画を前もって公式に伝えておくべきであろう。

非公式のブリーフィング

委員会の会期においては、通常、市民社会のアクターと委員との非公式の会合が持たれる。一般にNGOが調整する**非公式のブリーフィング**は、公式会合の合間に並行イベントとして、最も多くの場合午後1時から3時の昼休みの時間を使って行われることが多い。ただし、この「ランチタイム」のブリーフィングでは通訳がつかないことにご留意頂きたい。

非公式会合の焦点は、その委員会が取り扱っている問題と国家に絞るべきである。非公式のブリーフィングは、通常、関係国の国別報告審査に先立って、

または審査の当日に実施される。綿密に計画され、調整されたブリーフィングは、委員からの参加者を増やすことになるだろうし、そうしたブリーフィングの方が、多くの異なる論点について多数のブリーフィングをするよりも効果的であろう。そのため、市民社会のアクターには、相互の活動の調整が奨励される。

委員会の事務局が、部屋と設備を提供し、ブリーフィングの開催を委員に告知することによって、その実施を促進することもある。

5．人権条約機関の総括所見のフォローアップ

委員会の会期が終わり、総括所見が採択されると、市民社会は、国内レベルで、締約国への勧告に対する注意を喚起し総括所見の実施を促すという、フォローアップ活動を行うことができる。

このため、市民社会のアクターにとって、委員会によって採択される総括所見に精通していることが重要になるのである。

> 条約機関勧告の E メール通知を申し込むには、OHCHR ウェブサイトを閲覧のこと。

市民社会は、以下の方法で人権条約機関の総括所見のフォローアップを行うことができる。

- 政府が義務を履行できるよう、政府とともに**活動すること**。市民社会はしばしば、国家レベルでの法制度改革を促したり、国家政策を確立する触媒としての役割を果たす。市民社会のアクターは、政府との対話や、自身の行動計画の基礎として、委員会の総括所見を用いることもできる。
- 特定の国家の人権状況、および特定の国家で委員会の総括所見を実施するためにとられている措置を**監視すること**。
- 委員会会合の議事録、締約国が実施を求められた勧告、および国内において人権の享受を強化する総括所見の利用方法について意識を**喚起すること**。実際のやり方としては、テーマ別に討論会、円卓会合、セミナーやワークショップを開催したり、総括所見を翻訳、出版したり、国内人権機関や国内メディアと連携することが考えられる。
- 政府による総括所見および勧告の実施状況を委員会に報告したり、特定の分野に絞った専門的な情報を委員会に提供したりすることを通じて、**人権条約機関**

の活動に貢献すること。

6．個人通報を人権条約機関に提出するには

条約に基づく権利を締約国によって侵害されたと主張する個人はいずれも、その条約の委員会に通報を行うことができる。ただし、**通報を受理する委員会の権限を締約国が認めている場合に限る**。通報は、個人が書面による同意（「委任状」、授権書）を与えた場合、またはそのような同意を与えることが不可能な場合には、市民社会のアクターを含む**第三者**が当該個人のために提出することもできる。

個人通報は、国内救済措置が尽くされ、かつその他のすべての受理要件を満たした場合にのみ提出することができる。

> 個人通報についての詳細な情報は、**本章の付録**および**本ハンドブックの第Ⅷ章（人権侵害に関する申立ての提出）**を参照のこと。

7．秘密調査のための情報提供

市民社会のアクターは、委員会に情報を提供することを通じて、秘密調査を実施する委員会の決定に影響を与えることができる。秘密調査は、市民社会のアクターが、懸念される人権侵害や人権状況について委員会の関心に訴えることができるという意味で、重要な仕組みである。

秘密調査のほとんどは、NGOからの情報提供によって開始される。たとえば、拷問禁止委員会のもとで行われた7件の秘密調査（ブラジル、エジプト、メキシコ、ペルー、セルビア・モンテネグロ、スリランカ、トルコ）は、そのすべてがNGOからの情報提供が発端となっていた。女性差別撤廃委員会は、1件の秘密調査（メキシコ）を終えた。

市民社会のアクターはまた、一度秘密調査が行われた案件に関して、追加的な情報を提供することができる。

秘密調査の開始へのNGOの関与

女性差別撤廃条約選択議定書第8条に基づく最初の秘密調査は、女性差別撤廃委員会に対して、**メキシコのシウダー・フアレスにおける200人を超える女性の殺害および失踪の問題**について、3つのNGO —**イクオリティ・ナウ、カサ・アミーガ、人権の擁護と促進のためのメキシコ委員会**—が提供した情報に基づいて開始された。これらのNGOは、1993年以降、女性の拉致、レイプ、殺害に関する通報を含む詳細な情報を提出した。同委員会は、この情報が信頼でき、条約に定められた権利の重大または制度的な侵害の兆候を実証するものを含むと判断した。

2003年10月に行われたこの調査の過程で、NGOは追加の情報を提出し、同委員会の委員2人によるメキシコ訪問にも積極的に参加した。こうしたNGOと締約国による積極的な参画は、包括的な報告に結実した。この報告には、権利侵害とそれに至った社会文化的な背景の両方が記載されており、女性に対する権利侵害の根本的な原因に焦点を当てて、女性差別撤廃条約に規定された権利の保障を実現するための確固たる勧告を行っている。

本報告とメキシコ政府からの回答は、**女性の地位向上部のウェブサイト**にて公表されている。

秘密調査のために情報を提供することを希望する市民社会のアクターは、下記連絡先にご送付いただきたい。

[委員会の名称]
c/o Office of the United Nations High Commissioner for Human Rights
Palais de Nations
8-14, avenue de la Paix
CH-1211 Geneva 10 - Switzerland
ファックス：+41 (0)22 917 90 29

8．早期警告と緊急行動手続のための情報提供

市民社会のアクターから提出された情報は、人種差別撤廃委員会の早期警告と緊急行動手続の端緒となりうる。過去には、NGOや先住民族の集団から提供された情報に基づいてこれらの手続が開始されてきた。

> 個人通報制度に関するより詳しい情報は、本章の付録および本ハンドブックの第Ⅷ章（人権侵害に関する申立ての提出）を参照のこと。

9．年次議長会合と委員会間会合への参加と貢献

これらの会合では、市民社会のアクターは**オブザーバー**としての参加が認められている。

委員会間会合では、条約機関の機能、手続、活動方法に関する一般的なテーマについて、直接 NGO が委員会の委員と相互交流できる議題がある。

D． OHCHR のリソース

◆ OHCHR の人権条約機関のウェブページ

人権条約機関に関する情報と文書は、**OHCHR のウェブサイト**上にて公開され入手可能である。それぞれの条約機関が専用のウェブページを開設しており、条約そのものに関する情報、現在の批准状況、過去および今後開催される委員会の会期の情報、作業方法などの情報が登録されている。

さらに、OHCHR のウェブサイト上の**条約機関データベース**では、締約国から提出された報告、総括所見、一般的意見や個人通報についての決定を含む条約機関に関連する多くの文書にアクセスすることができる。

◆ OHCHR のファクト・シート

OHCHR のファクト・シートもまた、国際人権条約と人権条約機関に関する情報を提供している。定期的に更新される最新の OHCHR ファクト・シートのリストは、OHCHR のウェブサイト上の刊行物セクションから入手可能である。

◆ OHCHR 条約機関の DVD 　「人権を理解する（Bringing Human Rights Home）」

OHCHR は条約機関の作業についての研修ツールとして DVD「人権を理解する（Bringing Human Rights Home）」を製作した。この DVD は **OHCHR の出版**

情報デスク（OHCHR Publications and Information Desk）で入手できる。publications@ohchr.org に連絡のこと。

◆ エクストラネット

人権条約機関のうちの3つは、OHCHR のエクストラネット上に専用のページを持っている。その3つとは、拷問禁止委員会、女性差別撤廃委員会および移住労働者権利委員会である。それぞれの条約機関のエクストラネット・ページでは、締約国の報告、市民社会の報告、委員会会合に関する情報およびその他の関連情報の詳細を記録している。

> エクストラネットはパスワードで保護されているので、このページにアクセスするためには、OHCHR のウェブサイト上の国連人権理事会のページにあるオンラインフォームに記入しなければならない。このフォームを提出すると、ユーザーネームとパスワードがEメールにて通知される。

◆ 世界人権インデックス

世界人権インデックス（The Universal Human Rights Index。以下、「インデックス」という）はオンラインの情報ツールで、当初、国連の**人権条約機関**および国連人権理事会の**特別手続**によって出された人権文書へのアクセスを促進するために創設された。この新しいウェブサイト（OHCHR のウェブサイトを通してアクセスすることができる）には、2006年以降に採択された特定の国に対する国連人権理事会の特別手続の結論および勧告はもちろん、2000年以降に条約機関から出されたすべての総括所見が登載されている。このインデックスには、人権理事会の普遍的定期審査（UPR）で作成された勧告も登載する予定である。

◆ 付録——人権条約機関の概略

全委員会に共通する活動、手続や実務慣行はあるものの、各々独自の要件もある。以下に記載する情報は各人権条約機関の概略を示すものである。

自由権規約委員会

監視対象
自由権規約（ICCPR）およびその選択議定書。

委員の構成
任期4年（再選可能）で選出された18人の独立専門家で構成される。

会　期
委員会は年3回、3週間の会期で開催。通常、3月にニューヨークの国連本部、7月と10/11月にジュネーブの国連事務所で開催される。

報告要件
締約国は、まず、規約の当事国となった1年後に報告を提出しなければならず、その後は委員会の要請がある場合に報告提出の義務がある（3～5年ごと）。通常、総括所見において次回の報告期限を定める。

文書による情報提供
NGOおよび学術機関、研究機関、職能団体などのその他の市民社会のアクターは、委員会の事務局に書面により情報や報告を提出できる。随時提出できるが、当該国の報告が審査される会期の2週間前、および委員会の次会期にて検討される事前質問事項を決定する国別報告タスクフォースの会合の6週間前が望ましい。情報はすべて電磁的方式と印刷したもの（25部以上）で、以下に示す委員会事務局の住所宛に提出しなければならない。

委員会の会期への参加
NGOおよびその他の市民社会のアクターは、委員会の会期にオブザーバーとして参加できる。そのためには、まず、事務局の以下の住所宛に承認申請しなければならない。締約国の報告が審査される会期初日に、委員会は、市民社会のアクター、特にNGOが非公開の会合で、口頭で説明するための時間を設ける。NGOやその他の市民社会のアクターが最新の当該国情報を提供できるよう、追加のブリーフィングが朝食や昼食の時間帯に定期的に行われる。

国別報告タスクフォースは、委員会の会期中に非公開の会合を開き、委員会の次の会期に審査される国別報告の事前質問事項を作成する。このため、市民社会のアクターは、委員との非公式なブリーフィング会合を設定することもできる。

個人通報

規約の第1選択議定書に基づく**個人通報**の送付先は以下の通りである。

通報処理チーム

Petitions Team
Office of the United Nations
High Commissioner for Human Rights
Palais des Nations
8-14, avenue de la Paix
CH-1211 Geneva 10 - Switzerland
ファックス：+41（0）22 917 90 22
（特に緊急を要する通報については）
Eメール：tb-petitions@ohchr.org

事務局連絡先

自由権規約委員会
Human Rights Committee
c/o Office of the United Nations
High Commissioner for Human Rights
Palais des Nations
8-14, avenue de la Paix
CH-1211 Geneva 10 - Switzerland
ファックス：+41（0）22 917 90 29
電話：+41（0）22 917 93 32 または +41（0）22 917 93 95

　自由権規約委員会についてさらに知りたい場合は、**ファクト・シート No. 15（Rev. 1）** を参照のこと。規約の第1選択議定書についてさらに知りたい場合は、OHCHR のウェブサイト登載の条約機関を参照のこと。

　本ハンドブック第Ⅷ章（人権侵害に関する申立ての提出）の付録に**通報の雛型**が登載されている。

経済的、社会的及び文化的権利に関する委員会（社会権規約委員会）

監視対象

　社会権規約（ICESCR）。国連人権理事会は2008年6月に規約の選択議定書を採択している。国連総会も2008年に採択予定である。（訳者注：2008年12月に国連総会は社会権規約の選択議定書を採択した。）

委員の構成

　任期4年（再選可能）で選出された18人の独立専門家で構成される。

第Ⅳ章　人権条約機関

会　期
　委員会は年2回、3週間の会期で開催。また会期前作業部会が1週間開催される。通常、5月と11月にジュネーブで開催される。

報告要件
　規約において、報告の期間は定められていないが、締約国は、まず、規約の当事国となった後2年以内に報告を提出し、その後は5年ごとにまたは委員会の要請がある場合に報告を提出するのが慣行となっている。

文書による情報提供
　NGOおよび研究機関、職能団体、先住民族の集団などのその他の市民社会のアクターは、報告が提出される会期と事前会期のいずれについても、書面による情報または報告を事務局に提出できる。情報は随時提出できるが、1週間以上前に電磁的方式と印刷したものにより下記住所に提出するのが望ましい。報告が提出される会期には25部以上、会期前作業部会には10部以上、印刷して提出すべきである。

　特定の締約国の報告審査に関して市民社会のアクターから正式に提出された書面による情報については、「秘密」と明記されていない限り、事務局は、当該国の代表に対して、可能な限り早急に開示するので、留意すべきである。

　国連経済社会理事会（ECOSOC）の協議資格を持つNGO（または協議資格を持つNGOとパートナーを組んでいるNGO）は、報告が提出される会期に、委員会の作業言語で発表用の書面による声明を事務局に提出できる。NGO声明は、規約の条文に特定され、市民社会の観点からみて、最も差し迫った問題に焦点を当て、発表されるべき会期の最低3か月前に事務局に届けなければならない。

委員会の会期への参加
　市民社会のアクターは、委員会の会合にオブザーバーとして参加できる。そのためには、以下に記載する事務局の住所宛に承認を申請しなければならない。

　NGO、国内人権機関および個人の専門家は、会期前作業部会の初日（通常は月曜日の午前10時半から午後1時に開催される）の朝に、口頭で陳述することができる。また報告が提出される会期初日の午後3時から午後4時の間に開催されるNGOヒアリング中に陳述することもできる。陳述の時間は15分に制限される。

　委員会は各会期において、規約の特定の権利や特定の側面に関する一般的なテーマ別討議に1日（通常3週目の月曜日）を充てる。専門のNGOおよび学者、研究者、職能団体の構成員を含むその他の市民社会の参加者は、背景資料を提出したり、一般的な討議に参加したりすることができる。

事務局連絡先
経済的、社会的及び文化的権利に関する委員会
Committee on Economic, Social and Cultural Rights
c/o Office of the United Nations
High Commissioner for Human Rights
Palais des Nations
8-14, avenue de la Paix
CH-1211 Geneva 10 - Switzerland
ファックス：+41 (0) 22 917 90 29

　経済的、社会的、文化的権利に関する委員会についてさらに知りたい場合は、ファクト・シート No. 16（rev. 1）を参照のこと。

　市民社会の委員会への関与についてさらに知りたい場合は、OHCHR のウェブサイトの条約機関を参照のこと。

人種差別撤廃委員会

監視対象
　人種差別撤廃条約（ICERD）。

委員の構成
　任期4年（再選可能）で選出された18人の独立専門家で構成される。

会　期
　委員会は年2回、3週間の会期で、毎年2月と8月にジュネーブで開催される。

報告要件
　締約国は、まず、条約の当事国となった後1年以内に、その後は通常2年ごとに、報告を提出しなければならない。ただし、通常、総括所見の最終パラグラフで次回の報告期限が特定されている。

文書による情報提供
　委員会の権限に関連する問題を取り扱うNGOおよび職能団体、学術機関、先住民の集団、専門組織などのその他の市民社会のアクターは、事務局に書面による情報や報告を提出できる。随時提出できるが、委員会の会期の2か月前に提出するのが望ましい。

　書面情報は電磁的方式とともに、37部を印刷して以下に示す事務局の住所宛に提出しなければならない。国内の市民社会のアクターで物理的制限があるためにこれらの条件を満たすことが困難な場合は、反人種差別情報サービス（ARIS）に協力を求めることができる。ARIS はジュネーブにある国際NGOで、委員会

との情報交換を支援している。ARIS はこのサービスを各地域と各国の NGO およびその他の人権団体や個人に提供している。

　また、委員会は、報告が5年以上遅延している締約国による条約の実施状況についての審査（報告ではなく）や、**早期警告と緊急行動手続**に関しても、市民社会からの書面による提出を受け付けている。市民社会のアクター、特に NGO は、委員会に対し、緊急と考える事態についてこれらの手続において対処するよう情報を提出することができる。

委員会の会期への参加

　市民社会のアクターは、委員会の会期にオブザーバーとしてのみ参加できる。そのためには、以下に記載する事務局の住所宛に承認を申請しなければならない。委員会は、NGO およびその他の市民社会のアクターと公式な会合時間帯に会合を持つことはないが、市民社会のアクターは、各報告の審査初日の午後1時45分から午後2時45分の間、委員を招いて非公式のランチタイム・ブリーフィングを主催できる。市民社会のアクターは、このブリーフィングのための会議室の予約を事務局に申請すべきである。ARIS に支援を求め、ブリーフィングを主催してもらうこともできる。

　委員会は、人種差別と条約に関わる問題についてテーマ別討議を定期的に開催しており、研究者、個人専門家、NGO や専門組織などの市民社会のアクターの参加と、関係テーマに関する見解の表明を招請している。

個人通報

条約第14条に基づく**個人通報**の送付先は以下の通りである。

通報処理チーム
Petitions Team
Office of the United Nations
High Commissioner for Human Rights
Palais des Nations
8-14, avenue de la Paix
CH-1211 Geneva 10 - Switzerland
ファックス：+41 (0)22 917 90 22
（特に緊急を要する通報については）
Eメール：tb-petitions@ohchr.org

事務局連絡先
人種差別撤廃委員会
Committee on the Elimination of Racial Discrimination
c/o Office of the United Nations
High Commissioner for Human Rights

Palais des Nations
8-14, avenue de la Paix
CH-1211 Geneva 10 - Switzerland
ファックス：+41 (0) 22 917 90 29

ARISに関する追加情報は以下で入手できる：
ウェブサイト：http://www.antiracism-info.org[23]
Eメール：centre-docs@antiracism-info.org

人種差別撤廃委員会についてさらに知りたい場合は、**ファクト・シート No. 12**を参照のこと。

本ハンドブック第Ⅷ章（人権侵害に関する申立ての提出）の付録に**通報の雛型**が登載されている。

女性差別撤廃委員会

監視対象
女性差別撤廃条約およびその選択議定書。

委員の構成
任期4年（再選可能）で選出された23人の独立専門家で構成される。

会　期
委員会は年2、3回、2週間の会期でジュネーブとニューヨークで開催。通常、1週間の会期前作業によって補充される。

報告要件
締約国は、まず、条約の当事国となった1年後に、その後は少なくとも4年ごとに、さらに、委員会の要請があった場合に報告を提出しなければならない。

文書による情報提供
NGOおよび女性団体、信仰に基礎を置く団体、独立専門家、議員などのその他の市民社会のアクターは、事務局に書面により情報や報告を提出できる。随時提出できるが、会期前会合の2週間前か、委員会の会期の2か月前が望ましい。電磁的方式とともに、35部以上を、印刷して以下に示す事務局の住所宛に提出しなければならない。NGOや学術機関などのその他の市民社会のアクターは、委員会との情報交換を支援するNGOである国際女性の権利監視協会アジア太平洋（IWRAW-AP）に提出物の写しを送付することも選択できる[24]。

---

[23] OHCHRは外部のウェブサイトの内容について責任を負わない。本ページでのリンク先登載はOHCHRがその内容に関与していることを意味するものではない。

委員会の会期への参加

　市民社会のアクターは、委員会の会合にオブザーバーとして参加できる。そのためには、事務局の以下の住所宛に承認を申請しなければならない。市民社会のアクター、特にNGOは、会期前作業部会（通常は初日の朝）において口頭で陳述することができる。会期前作業部会は、当該国の報告が審査される会期の1つ前の会期の終わりに開催される。NGOはまた、会期中、各週の初日に口頭で陳述することができる。以下の住所宛に事務局と連絡を取ることで、時には委員との非公式な会合を持つこともできる。

個人通報

　条約の選択議定書に基づく**個人通報**の送付先は以下の通りである。

通報処理チーム

Petitions Team
Office of the United Nations
High Commissioner for Human Rights
Palais des Nations
8-14, avenue de la Paix
CH-1211 Geneva 10 - Switzerland
ファックス：+41（0）22 917 90 22
（特に緊急を要する通報については）
Eメール：tb-petitions@ohchr.org

　条約の選択議定書に基づく**通報ガイドライン**は、本ハンドブック**第Ⅷ章（人権侵害に関する申立ての提出）**の付録に登載されている。通報の雛型は、すべての国連公用語で、女性の地位向上部のウェブサイトに登載されている。

秘密調査

　市民社会のアクター、特にNGOは、深刻で、重大なまたは制度的な条約違反について、書面で情報を事務局に提出できる。情報は信頼できるものでなければならず、条約に掲げられた権利を締約国が制度的に侵害していることを示すものでなければならない。

事務局連絡先

女性差別撤廃委員会
Committee on the Elimination of Discrimination against Women
c/o Office of the United Nations
High Commissioner for Human Rights
Palais des Nations

---

24 OHCHRは外部のウェブサイトの内容について責任を負わない。本ページでのリンク先登載はOHCHRがその内容に関与していることを意味するものではない。

8-14, avenue de la Paix
CH-1211 Geneva 10 - Switzerland
ファックス：+41（0）22 917 90 29
Eメール：cedaw@ohchr.org

委員会についてさらに知りたい場合はファクト・シート **No. 22** およびファクト・シート **No. 7** を参照のこと。委員会宛の報告の作成の**手続ガイド**については **IWRAW-AP** のウェブサイトを参照のこと。

拷問禁止委員会

監視対象
拷問等禁止条約（CAT）。

委員の構成
任期4年（再選可能）で選出された10人の独立専門家で構成される。

会　期
委員会の会期は、年2回、1週間の会期前作業部会とともに、毎年5月は3週間の会期で、毎年11月は2週間の会期で、ジュネーブで開催される。

報告要件
締約国は条約の当事国となった1年後に、その後は4年ごとに、報告を提出しなければならない。

文書による情報提供
NGOおよび被害者団体、信仰に基礎を置く団体、労働組合代表、職能団体などのその他の市民社会のアクターは、事務局に書面による情報や報告を提出できる。随時提出できるが、委員会の会期の6週間前に提出するのが望ましい。事前質問項目に対する提言は完成予定の3か月前までに提出されるべきである。すべての情報は、電磁的方式とともに、15部以上印刷して、以下に示す事務局の住所宛に提出しなければならない。

特定の締約国の報告審査に関して市民社会のアクターから公式に提出された書面による情報については、「秘密」と明記されていない限り、事務局は、当該国の代表に対して、可能な限り早急に開示する点に留意すべきである。

委員会の会期への参加
市民社会のアクターは、委員会の会期にオブザーバーとして参加できる。そのためには以下に記載する事務局の住所宛に承認を申請しなければならない。市民社会のアクター、特にNGOは、会期中に委員会に対して口頭でブリーフィングを行うことができる。個々の被害者のブリーフィングへの参加は通常、NGOが

第Ⅳ章　人権条約機関

支援して行われる。ブリーフィングは一回につき1か国に焦点をあて、通常、締約国と委員会との対話の前日の午後5時から午後6時の間に行われる。

個人通報
条約第22条に基づく個人通報の送付先は以下の通りである。

通報処理チーム
Petitions Team
Office of the United Nations High Commissioner for Human Rights
Palais des Nations
8-14, avenue de la Paix
CH-1211 Geneva 10 - Switzerland
ファックス：+41 (0) 22 917 90 22（特に緊急を要する通報について）
Eメール：tb-petitions@ohchr.org

　本ハンドブック第Ⅷ章（人権侵害に関する申立ての提出）の付録に通報の雛型が登載されている。

秘密調査
　市民社会のアクターは、深刻で重大なまたは制度的な条約違反についての情報を事務局に提出できる。情報は信頼でき、締約国が制度的に拷問を行っていることを十分な根拠をもって示すものでなければならない。

事務局連絡先
拷問禁止委員会
Committee against Torture
c/o Office of the United Nations
High Commissioner for Human Rights
Palais des Nations
8-14, avenue de la Paix
CH-1211 Geneva 10 - Switzerland
ファックス：+41 (0) 22 917 90 29

　委員会についてさらに知りたい場合はファクト・シートNo. 17を参照のこと。

拷問防止小委員会

監視対象
　拷問等禁止条約の選択議定書（OPCAT）。

委員の構成

任期4年（再選は1回まで可能）で選出された10人の独立専門家で構成される。委員の数はこの議定書の50番目の批准または加入の後に25人に拡大される（第5条参照）。

会　期

小委員会は1週間の会期を年に3回、ジュネーブの国連で開催する。また拷問および他の残虐な、非人道的なまたは品位を傷つける取扱いまたは刑罰を防止するため、自由を剥奪された人々がいる場所を定期的に訪問する。

締約国の要件

締約国はまず、拷問および他の残虐な、非人道的なまたは品位を傷つける取扱いまたは刑罰の防止のため、国内に一つまたは複数の訪問機関（これにはNHRI、オンブズマン、議会の委員会またはNGOが含まれる）を設置し、指定しまたは維持する。また締約国は、小委員会および国内訪問機関が、当該国の管轄の下で自由を奪われているかまたは奪われていると考えられるすべての場所を訪問できるようにしなければならない。この訪問は、必要な場合には、拷問および他の残虐な、非人道的なまたは品位を傷つける取扱いまたは刑罰からの保護を強化する目的で行われる。

拷問防止小委員会についてさらに知りたい場合はOHCHRのウェブサイトを参照のこと。

子どもの権利委員会

監視対象

子どもの権利条約（CRC）およびその選択議定書。

委員の構成

任期4年（再選可能）で選出された18人の独立専門家で構成される。

会　期

委員会は、3週間の会期と1週間の会期前作業部会を年に3回、1月、5月および9月にジュネーブの国連で開催する。

報告要件

締約国はまず条約が効力を生じた2年後に、その後は5年ごとに、報告しなければならない。2つの選択議定書の締約国はこれらに基づく報告の提出も義務付けられており、まず発効後2年以内に、その後は委員会への定期報告に付随して（または、当該締約国が条約自体は批准していないが、いずれかまたは両方の選択議定書を締結している場合は5年ごとに）報告を提出しなければならない。

文書による情報提供

　NGO および子どもの支援団体、信仰に基礎を置く団体、職能団体、社会福祉団体などのその他の市民社会のアクターは、書面による情報や報告を事務局に提出できる。随時提出できるが、関連する会期前作業部会の 2 か月前までに提出するのが望ましい。電磁的方式での提出に加え、20 部以上印刷して、以下に示す事務局の住所宛に提出しなければならない。市民社会のアクターは、提出した書面を秘密扱いとするように要請することもできる。

　委員会に情報を提出する NGO は、条約の実施の促進に取り組んでいる国際 NGO の連合体である**子どもの権利条約 NGO グループ**と連絡を取ってもよい。同 NGO グループは、NGO、特に国内連合が委員会の報告過程に参加するのを支援する連絡担当部門を擁している。NGO 以外の市民社会アクターは、CRC 連合が国内に存在する場合、同連合と連携して情報を提供するよう奨励されている。

NGO グループの連絡先は以下の通りである。

子どもの権利条約の NGO グループ事務局
NGO Group for the Convention of the Rights of the Child
Secretariat
1, rue de Varembé
CH-1202 Geneva - Switzerland
電話：+41（0）22 740 4730
ファックス：+41（0）22 740 1145
E メール：secretariat@childrightsnet.org
ウェブサイト：http://www.childrightsnet.org[25]

委員会の会期への参加

　市民社会のアクターは、委員会で報告が審査される会期に、オブザーバーとしてのみ参加できる。そのためには、以下に記載する事務局の住所宛に承認を申請しなければならない。

　市民社会のアクターは、3 時間にわたる会期前作業部会にも参加を招請され、この場でパートナーが追加情報を提供することができる。個人専門家や青年団体のメンバーは、委員会の会期前作業部会に高い貢献をしている。参加要請は、関連する会期前作業部会の最低 2 か月前に事務局に提出すべきである。委員会は書面により提出された情報に基づき、選ばれた市民社会のアクターに書面での招待状を送付する。通常 NGO（保有する情報が当該締約国の報告の検討にとって特に関係があるもの）が選ばれ、会期前作業部会に参加できる。建設的対話の時間を確保するため、冒頭発言は、審査対象国の市民社会のアクターは最大 15 分、その他は最大 5 分に限定される。また委員会は毎年 1 日を一般的討議の日として設

---

[25] OHCHR は外部のウェブサイトの内容について責任を負わない。本ページでのリンク先登載は OHCHR がその内容に関与していることを意味するものではない。

けており、子どもや専門家を含む市民社会のアクターの参加が歓迎されている。

事務局連絡先
子どもの権利委員会
Committee on the Rights of the Child
c/o Office of the United Nations
High Commissioner for Human Rights
Palais des Nations
8-14, avenue de la Paix
CH-1211 Geneva 10 - Switzerland
ファックス：+41 (0) 22 917 90 29

　子どもの権利委員会宛の報告についてのガイドラインについては **NGO** グループのウェブサイトを参照のこと。

　会期前作業部会への **NGO** や個人の専門家の参加についての委員会のガイドラインについては、OHCHR のウェブサイトを参照のこと。

　子どもの権利委員会についてさらに知りたい場合は、ファクト・シート **No. 10**（**Rev. 1**）を参照のこと。

すべての移住労働者およびその家族の権利保護に関する委員会（移住労働者権利委員会）

監視対象
　移住労働者権利条約（ICRMW）。

委　員
　現在、任期4年（再選可能）で選出された10人の独立専門家で構成されており、41番目の締約国が条約を批准した時点で14人に拡大される。詳細は第72条参照。

会　期
　委員会は通常年2回の会期をもち、毎年4月および11月にジュネーブで開催される。

報告要件
　締約国はまず条約の当事国となった1年後に、その後は5年ごとに、報告しなければならない。

文書による情報提供
　NGO および社会福祉団体、個人の専門家、労働組合などのその他の市民社会のアクターは、書面による情報や報告を事務局に随時提出できる。

すべての情報は電磁的方式で提出されなければならず、さらに15部以上、印刷して以下に示す事務局の住所宛に提出しなければならない。

委員会に情報を提出する市民社会のアクターは、**移住労働者に関する条約のための国際 NGO プラットフォーム**と連絡してもよい。国際 NGO プラットフォームは条約の促進、実施および監視を促すことに取り組む国際 NGO の連合体である。連絡先は以下の通りである。

NGO プラットフォーム
NGO Platform
c/o December 18
Rue de Varembé 1
P.O. Box 96
CH-1211 Geneva 20 - Switzerland
電話：+41（0）22 919 10 42
ファックス：+41（0）22 919 10 48
E メール：ipmwc@december18.net
ウェブサイト：http://www.december18.net[26]

委員会の会期への参加

市民社会のアクターは、委員会の公開会期にオブザーバーとして参加できる。そのためには以下に記載する事務局の住所宛に承認を申請しなければならない。

締約国の報告審査の準備のため、市民社会のアクター、特に NGO は、当該締約国における移住労働者の状況について口頭で報告し、また、委員の質問に答えるため、委員会との非公式会合に参加することができる。この会合は委員会により締約国の報告が審査される会期の一つ前の会期に開催される。

締約国の報告が審査される会期では、書面により情報を提出した市民社会のアクターには、委員会による締約国の報告審査の前に、公開会合で、口頭で委員会に情報を提供する機会が与えられる。その他の NGO、研究者や職能団体の代表は、委員会が定期的に開催する一般的なテーマ別討議の日に参加するよう招請されている。

個人通報

委員会は、締約国10か国が条約第77条に基づく手続を受諾した後に、個人通報を検討することができる。

事務局連絡先
移住労働者権利委員会
Committee on the Protection of the Rights of All Migrant Workers and Members of

---

[26] OHCHR は外部のウェブサイトの内容について責任を負わない。本ページでのリンク先登載は OHCHR の関与を意味するものではない。

Their Families
c/o Office of the United Nations
High Commissioner for Human Rights
Palais des Nations
8-14, avenue de la Paix
CH-1211 Geneva 10 - Switzerland
ファックス：+41 (0) 22 917 90 29
E メール：cmw@ohchr.org

委員会についてさらに知りたい場合は、**ファクト・シート No. 24（Rev. 1）**を参照のこと。

障害者権利委員会

監視対象
障害者権利条約およびその選択議定書。

委　員
委員会は当初、任期4年（1回再選可能）で選任された12人の独立専門家で構成され、障害を持つ専門家を含むべきである。さらに60か国が条約を批准または加入した後、委員の定員は18人に拡大される。締約国は、委員の候補者を推薦する際、障害者やその代表団体を積極的に関与させることを要請される。

会　期
2008年9月現在、委員はまだ任命されていない。（訳者注：2008年11月に12人の委員が任命された。）

報告要件
締約国は、まず、当事国となった後2年以内に、その後は4年ごとに、または委員会の要請があった場合に、報告を提出しなければならない。

個人通報
委員会は、個人や個人で構成される集団からの通報を検討することができる。本ハンドブック**第Ⅷ章（人権侵害に関する申立ての提出）**の付録に**通報の雛型**が登載されている。

秘密調査
市民社会のアクター、特にNGOは、深刻、重大または制度的な条約違反についての情報を事務局に提出できる。このような情報は信頼できるものでなければならず、締約国が制度的に条約の対象となる権利を侵害していることを示すものでなければならない。

第33条

この条約は、その実施を監視する市民社会の役割について他には見られない条項を含んでいる。第33条は、市民社会は締約国により制定された監視の過程に十分に関与し、かつ、参加すると規定しており、従って、条約実施の促進について、市民社会に中心的な役割を与えている。

事務局連絡先
障害者権利委員会
Committee on the Rights of Persons with Disabilities
c/o Office of the United Nations
High Commissioner for Human Rights
Palais des Nations
8-14, avenue de la Paix
CH-1211 Geneva 10 - Switzerland
ファックス：+41（0）22 917 90 29
Eメール：crpd@ohchr.org

条約や障害問題に関するOHCHRの業務についてさらに知りたい場合はOHCHRのウェブサイトを参照のこと。

条約およびその選択議定書についてさらに知りたい場合は、OHCHRの刊行物 **From Exclusion to Equality: Realizing the Rights of Persons with Disabilities**（**HR/PUB/07/6**）を参照のこと。

強制失踪委員会（2008年9月現在、未設立）（訳者注：2010年12月に強制失踪条約が発効し、強制失踪委員会が設立された。）

監視対象
強制失踪条約。

委　員
委員会は任期4年（1回再選可能）で選出された10人の独立専門家により構成される。

報告要件
締約国はまず当事国となった後2年以内に報告を提出しなければならない。

緊急行動
委員会は、失踪者を捜索・発見すべきという緊急の要請を、個人から受け付けることができる。当該失踪者は締約国の管轄下になければならない。

個人通報

　委員会は、条約第31条に基づく手続を受諾した締約国について、個人通報を検討することができる。

調　査

　市民社会のアクター、特にNGOは、締約国が条約の条項に深刻に違反していることを示す情報を、第33条に基づき提出できる。加えて、委員会は、締約国において強制失踪が広範にまたは制度的に行われていることを示す情報について、国連総会に対し、緊急の注意喚起を促す権限がある。

　強制または非自発的な失踪についてさらに知りたい場合は、ファクト・シート No. 6（Rev. 2）を参照のこと。

第Ⅴ章　国連人権理事会

国連人権理事会概観

◆ 国連人権理事会とは何か

　国連人権理事会は人権問題に責任を有する国連の主要な政府間機関である。人権理事会は、人権委員会に代わるものとして総会決議60/251により設立され、これまで人権委員会に委託されていたほとんどの任務、仕組み、機能、責任を引き継いでいる。人権委員会時代と同様、国連人権高等弁務官事務所（OHCHR）が人権理事会の事務局の機能を果たしている。

◆ 機　能

　人権理事会はジュネーブを拠点とする47か国の加盟国からなる政府間機関である。少なくとも年3回以上、合計10週間以上の会期が開催され特別会期を開くことも可能である。人権委員会が「**国連経済社会理事会（ECOSOC）の下部機関**」であったのに対して、国連人権理事会は「**総会の下部機関**」である。その役割は、大規模かつ制度的な侵害を含む人権侵害や、国連システム内の効果的な協調の促進、および人権の主流化に取り組むことにある。

　初会合から1年たった2007年6月18日、国連人権理事会は将来の活動の基礎となる手続、仕組み・組織等の制度構築に係る包括的取りまとめに合意した。この取りまとめは5/1決議案として承認され、理事会の協議事項・活動方法・手続規則を含んでおり、人権委員会から引き継いだ専門家への諮問制度や申立手続を改善したものである。**決議5/1**は、国連人権理事会による新しい普遍的定期審査（UPR）メカニズムの実施方式を定め、またすべての特別手続の任務の見直し・合理化・改善を行うためのプロセスを設立した。

◆ 国連人権理事会およびその任務、仕組みへのアクセスとその活用方法

　60/251決議において、総会は、NGOおよびその他の市民社会のアクターが国レベルでも、地域的にも、国際的にも、人権の促進と保護に対して重要な役割を担っていることを確認した。

　NGOを含むオブザーバーの国連人権理事会の会期への参加は、従来、人権委員会が行っていた取決めや慣行に基づくものとなっている。これらの慣行や取決めは、国連人権理事会がオブザーバーの最も効果的な貢献の確保を必要としていることを踏まえ、発展し深化し続けている[27]。

　NGOが国連人権理事会の会期にオブザーバーとして参加するにはECOSOCの**協議資格**が必要となるが、協議資格を取得していないNGOやその他の市民社会のアク

---

[27] 総会決議60/251、人権理事会決議5/1参照。

ターは国連人権理事会とそのメカニズムの全体的な活動に、多くの方法で貢献できる。さらに国連人権理事会の会期はOHCHRの**ウェブキャスト**で放送され、幅広い種類の文書や情報が理事会の**ホームページ**や**エクストラネット**で入手可能である。会合の具体的な情報は通常、ホームページに通常会期の2週間前に登載される。

国連人権理事会に関連する主要な連絡先

◆ 国連人権理事会支局
Human Rights Council Branch
Office of the United Nations High Commissioner for Human Rights
Palais des Nations
8-14, avenue de la Paix
CH-1211 Geneva 10 - Switzerland
電話：+41（0）22 917 92 56
ファックス：+41（0）22 917 90 11

◆ 市民社会ユニット
OHCHR Civil Society Unit
Office of the United Nations High Commissioner for Human Rights
Palais des Nations
8-14, avenue de la Paix
CH-1211 Geneva 10 - Switzerland
電話：+41（0）22 917 90 00
Eメール：**civilsocietyunit@ohchr.org**

◆ ECOSOC協議資格に関連する情報やリクエスト先
United Nations headquarters
NGO Section
United Nations Department of Economic and Social Affairs Section
One UN Plaza, Room DC-1-1480
New York, NY 10017
電話：+1 212 963 8652
ファックス：+1 212 963 9248
Eメール：**desangosection@un.org**

◆ ジュネーブの国連事務所
United Nations Office at Geneva (UNOG)

NGO Liaison Office
Office of the Director-General
Office 153, Palais des Nations
8-14, avenue de la Paix
CH-1211 Geneva 10 - Switzerland
電話：+41（0）22 917 21 27
ファックス：+41（0）22 917 05 83
Eメール：**ungeneva.ngoliaison@unog.ch**

人権理事会のメカニズムごとの主要な連絡先は，本章の関連する部分にそれぞれ記載されている。

◆ 国連人権理事会とは何か？

◆ 人権委員会から国連人権理事会への移行

国連人権理事会は、人権課題に対して責任を有する国連の主要な政府間機関で、2006年3月15日の総会**60/251決議**によって設立された。同理事会はこれまで60年の長きにわたって国連人権システムの中心であった**人権委員会**に代えて設立されたものである。人権委員会は2006年3月の第62回会期を最後に幕を下ろした。人権委員会での規範や基準設定の功績は国連人権理事会の作業の礎となっている。

人権委員会が**経済社会理事会（ECOSOC）**の下部機関であったのに対して、国連人権理事会は**総会**の下部機関である。この昇格は、人権が開発や平和・安全保障と並んで国連の3つの重要な柱の1つであることを強調したものである。人権理事会の設立は、国連の人権組織を強化するという、国連総会の決意の現れである。その組織強化の目的は、すべての者が、あらゆる人権、すなわち発展の権利を含む、市民的、政治的、経済的、社会的および文化的な権利を効果的に享受できるようにすることにある。

60/251決議の中で、総会は、人権理事会に対し、人権委員会から引き継いだ、すべての任務・仕組み・機能・責任を見直し、必要に応じて、改善および合理化するよう指示した。人権理事会はこの課題を第1会期の開催までの1年以内に遂行するよう要求された。これらの任務の遂行方法については、以下の事項

に従うことも要求された。

- 透明、公正、そして公平であること
- 結果志向であること
- 真の対話を可能とすること
- 勧告やその実施に関するフォローアップ協議を見込んでおくこと
- 組織間の実質的な相互的関係を考慮すること

総会は人権理事会の地位について5年以内に見直すことになっている[28]。

◆ 国連人権理事会の制度構築のための包括的取りまとめ（決議5/1）

初会合と集中的な"制度構築"期間から1年経過した2007年6月18日、人権理事会は、手続・仕組み・組織を立ち上げる包括的取りまとめに合意した。国連人権理事会[29]の制度構築に関する決議5/1として採択された包括的取りまとめは以下の事項からなっている。

- 活動計画のための新たな協議事項と枠組み
- 総会が諸委員会のために制定した規則に基づく新たな活動方法と手続規則
- 申立手続（決議1503を置き換えたもの）
- 国連人権理事会諮問委員会（国連人権促進保護小委員会に代わるもの）
- 新たな普遍的定期審査（UPR）メカニズムの実施の指針となる原則・方法・実施方式
- 特別手続の継続的見直しや合理化、改善のための基準

◆ 国連人権理事会とその仕組み、任務の機能

◆ 理事国

理事会の理事国は47か国から成り立っており、理事国は総会の加盟国の直接・個別・秘密投票による絶対過半数によって選出される。理事国を選出する際、候補国の人権状況、自発的人権誓約とコミットメントが考慮される。理事会の理事国の任期は3年で、2期連続して選出された理事国は、その直後の選

---

[28] 総会決議60/251。同決議において、総会はまた、理事会に対し、設立5年後にその任務および機能を見直し、総会へ報告することを要している。
[29] 人権理事会決議5/1は総会決議62/219によって是認された。

挙では再選される資格を失う。

　人権理事会の理事国が大規模かつ制度的な人権侵害を侵した場合、総会は、出席国の3分の2以上の投票により、その国の理事国としての理事会での権利を停止できる。

> 現在の理事国のリストについては、OHCHRのウェブサイトを参照のこと。

◆ 会　合

　これまでの人権委員会の会期は合計6週間に渡る会合を年に1回開催するものであったのに対し、理事会はスイスのジュネーブに位置するパレ・デ・ナシオンで、年に3回以上、合計10週間以上の通常会期を開催する。理事会の4週間にわたる主要会期は通常3月に開かれる。

　特定の理事国が特別会期の開催を要請し、少なくとも3分の1の他の理事国の支持が得られた場合、理事会は会期を開催できる[30]。2008年9月までに理事会は特別会期を7回開いた[31]。

　理事会は特定課題に関する相互理解や対話を促すためにパネルディスカッションや特別イベントを開催する。2008年9月までに、理事会は、障害者の権利[32]や、理事会の活動や理事会のメカニズム[33]の活動の中にジェンダーの視点

---

[30] 人権理事会の特別会期を開催するのに必要な支持国は、委員会のときよりも少ない（以前は53理事国の過半数が必要だったが、現在は47理事国の1／3である）。人権委員会が開催した特別会期は5回だけであった。

[31] 被占領パレスチナ地域に関する会期が3回（2006年7月および11月、2008年1月）、レバノンに関する会期が1回（2006年8月）、ダルフールに関する会期が1回（2006年12月）、ミャンマーに関する会期が1回（2007年10月）、および世界食糧危機に関するテーマ別特別会期が1回（2008年5月）。

[32] 初回の討論は、理事会の第10回通常会期において、障害者権利条約の批准およびその効果的な履行のための重要な法的措置に焦点を当てて開催されることが予定されている。OHCHRは、とりわけ市民社会の組織協議を重ね、この議題に関してテーマ別研究を準備するよう要請されている。

[33] 2007年12月14日付決議6／30参照。女性に対する暴力の問題について話し合われた初回会合は第8会期にて開催され、2つのパネルから構成された。1つは女性に対する暴力であり、1つは妊産婦死亡率である。2008年9月に、理事会は、その機能の中にジェンダーの視点を統合するためのパネルディスカッションを開催した。

を統合するための年次意見交換会を含め、これまでにイベントを6回[34]開催しました。

◆ 任務と仕組み

A. 普遍的定期審査

普遍的定期審査（UPR）は新しい人権保障の仕組みである。UPRを通して、理事会は、192か国の加盟国の人権義務やコミットメントの履行状況の達成度を定期的に審査する。UPRは、被審査国との相互対話に基づく協働的仕組みである。UPRは条約機関の作業を補完するが、重複するものではない。

UPRは4年のサイクルの中で以下の事項を含むいくつかの段階からなる手続である。

- 審査の基礎となる情報の準備（加盟国によって準備される情報（政府報告書）、OHCHRによって準備された国連公文書の情報を編集した情報、利害関係者の提出した情報をOHCHRが要約した情報を含む）
- 例年2週間にわたる3回の会期に集まる47理事国から構成されるUPR作業部会で行われる審査[35]
- 通常会期での理事会による審査結果文書の検討と採択
- 被審査国のUPR結果の実施のフォローアップ

NGO、人権擁護者、学術・研究機関、地域組織、市民社会の代表を含めた関係する利害関係者はこれらのいくつかの段階に参加できる。

> UPRにおける情報については、このハンドブックの**第Ⅶ章（普遍的定期審査）**を参照のこと。

B. 国連人権理事会諮問委員会

国連人権理事会諮問委員会は理事会の下部機関である。同委員会は、人権委

---

[34] 2回は障害者権利条約の採択と加入に関するもの（2007年3月および2008年6月）で、1回は子どものための代替的なケアの適切な利用と条件に関する国連ガイドライン案に関するもの（2008年6月）で、1回は人権についての異文化対話に関するもの（2008年5月）で、1回は人権についての自発的目標に関するもの（2008年5月）、1回は失踪者に関するもの（2008年9月）であった。

[35] UPR作業部会は会期ごとに16か国を審査し、合計で毎年48か国の審査を行う。

員会の人権促進保護小委員会に代わるものであり、理事会が要請する方法や形式で、主に研究と調査に基づく助言に焦点をあて、理事会のシンクタンクとして機能する。

決議や決定を採択することや、理事会の承認なく下部機関を設置することはできないが、諮問委員会は理事会に以下の点について提案することができる。

- 手続の効率性の向上
- 任務の範囲内の提案についてさらなる調査をすること

諮問委員会は5つの国連地域グループ（アフリカ、アジア、東欧、ラテンアメリカ・カリブ諸国、西欧他）から均等に選出した専門家18人から成り立っている。個人資格での参加者の任期は3年間で、1度だけ再選される資格がある[36]。諮問委員会は2会期、年間最大10稼働日で開催され、人権理事会の事前の承認があれば、さらに特別会期を開催することもできる。

*諮問委員会*の現在の情報については OHCHR のウェブサイトを参照のこと。

C. 申立手続

申立手続は、世界中のあらゆる地域・あらゆる状況下で発生する大規模かつ信頼できる証拠のある一貫した形態のすべての人権と基本的自由の侵害に対処するものである。申立手続は人権委員会の決議1503に基づく手続である。手続が公平で、客観的、効果的で、被害者の視点に基づき、時宜を得た方法で実施できるものになるよう、改善された。

申立手続は、人権侵害の被害者だと主張する、若しくは人権侵害に直接的に信頼できる知見を有している個人または集団、組織からの通報に基づいている。2つ別個の作業部会—「通報作業部会」と「事態作業部会」—が、それぞれ、通報を審査し、大規模かつ信頼できる証拠のある一貫した形態の人権と基本的自由の侵害について理事会の注意を喚起する権限を有している。

理事会は事態作業部会による事態報告書を（他の手段を選ばない限り）非公開

---

[36] もっとも、人権理事会決議5/1は、初回の任期については、委員数を均等に保つため、全体の3分の1の任期を1年、別の3分の1の任期を2年と規定している。

に審査し、以下の事項を行うことができる。

- さらなる検討や行動が必要とされない場合における事態検討の終了
- 継続審議と、当該国に対する合理的な期間内の情報提供の要請
- 継続審議と、事態の監視と理事会への報告のために、独立かつ高度の専門性を有する専門家の指名
- OHCHRが当該国に技術協力、能力向上支援や助言をすべきであるという勧告

i 申立手続に関するさらなる情報はこのハンドブックの第Ⅷ章（人権侵害に関する申立ての提出）を参照のこと。

D. 特別手続

「**特別手続**」は従来の委員会によって設立され、人権理事会に引き継がれた、特定国や地域（**国別手続**）の人権状況や、世界的規模で発生している主要な人権侵害の事象（**テーマ別手続**）を監視、助言し、公表することを目的とした仕組みの総称である。

2007年6月から、人権理事会は、人権委員会から引き継いだ各特別手続の見直し・合理化・改善を図る手続を開始した。理事会はいくつかの手続を中止または修正し、新しい手続を創設し、新しい任務保持者の選定・任命手続を進展させ、**特別手続の任務保持者のための行動綱領**を策定した（決議5/2）。

任務保持者（特別報告者、特別代表、代表、独立専門家、作業部会の構成員）は個人の資格で任務を遂行する。その活動は以下の事項を含む。

- 人権状況の情報を受領・共有・分析
- 個別の申立てへの対応
- 研究の実施
- 緊急の抗議や申立書簡の政府への送付
- 政府招聘による国別訪問の実施、および当該訪問に基づく調査結果と勧告の作成
- 国レベルでの技術協力への助言提供
- 一般的な人権促進への関与

OHCHRは特別手続の任務保持者の任務を支援するため、人的支援、事務的支援、調査支援を行う。

> 特別手続に関するさらなる情報はこのハンドブックの**第VI章（特別手続）**を参照のこと。

E. 国連人権理事会の作業部会
◆ 発展の権利に関する自由参加の作業部会

人権委員会は発展の権利に関する自由参加の作業部会を設立した[37]。2007年3月、国連人権理事会はその任務を2年間延長した（決議4/4）。

作業部会は毎年5稼働日の年次会期を招集する。その任務は以下の事項である。

- 発展の権利の促進と実施に関する進展の監視と審査
- 国連機関、他の関係国際機関、NGOの提出した報告やその他の情報の審査
- 会期ごとの報告を理事会による検討のために提出すること。その中には、発展の権利の実施に関するOHCHRへの助言と、関係国の要請に応じて考えられる技術協力プログラムの提案が含まれる。

同じ決議において、国連人権理事会は発展の権利における作業部会の枠内において設立した「**発展の権利の実施に関するハイレベルタスクフォース**」の任務を2年間延長した。

タスクフォースの目的は、発展の権利の実現のために確認された課題について、作業部会が様々なアクターに対して適切な勧告ができるようにすべく、作業部会に必要な専門知識を提供することにある。タスクフォースは、各国連地域グループや、特定の国際貿易、金融、開発機関の代表を含む他の機関の構成員との協議を通じて、発展の権利に関する作業部会の議長によって指名された5人の専門家からなる。タスクフォースは7稼働日の年次会期を招集し、作業部会へ報告を提出する。

F. 社会フォーラム

2007年、国連人権理事会は**社会フォーラム**の任務を更新するとともに、それを国連人権組織と草の根組織を含む様々な利害関係者との間の、双方向対話のための唯一の場とした。進行するグローバル化の社会的側面および課題に取り

---

[37] 人権委員会決議1998/72、ECOSOC決議1998/269参照。

組むだけでなく、社会正義、平等および連帯といった行動綱領に基づく社会統合促進のため、国レベル・地域レベル・国際レベルの各レベルで、十分に組織された努力を積み重ねることの重要性を強調した（決議6/13）。

社会フォーラム[38]は、従来の人権小委員会の発議により、小委員会の年次会期の前に開催された2日間の経済的、社会的および文化的権利に関する会期前フォーラムに起源を持つ。社会フォーラムはこれまでは人権小委員会の一部にすぎなかったが、現在は、独立した国連人権理事会のメカニズムの1つとなっている。

社会フォーラムは理事会によって指定された特定のテーマ別課題に焦点をあて、毎年3稼働日の会合を開催する。社会フォーラムは2008年9月に初めて国連人権理事会のメカニズムの1つとして開催され、国連人権理事会の要請によりいくつかのテーマ別手続の任務保持者が参加した。社会フォーラムは理事会を通じて関連諸機関向けに報告すべき結論や勧告を作成するよう要請され、その結果、以下の点に重点を置いている。

- 人権という視点からの貧困撲滅に関する論点
- 社会フォーラムへ草の根の人々から提供された情報に基づく貧困との闘いに関する模範とすべき実践例の把握
- グローバル化における社会的側面

社会フォーラムは、地域グループからの指名者の中から毎年、人権理事会議長によって任命される議長報告者が議長を務めることになる。

社会フォーラムに関する最新情報はOHCHRのウェブサイトを参照のこと。

G. マイノリティ問題に関するフォーラム

マイノリティ問題に関するフォーラム[39]は、これまでのマイノリティ問題に関する人権小委員会の作業部会に代えて設置された。民族的若しくは種族的、宗教的および言語的マイノリティに属する人々に関係する問題についての対話

---

[38] 世界社会フォーラムとは別であるので、混同しないこと。
[39] 2007年9月28日付人権理事会決議6/15によって創設された。

第Ⅴ章　国連人権理事会

や協調を促進する場を以下の方法により提供する。

- **マイノリティ問題の独立専門家の活動**にテーマ別の貢献や専門的知見を提供すること
- 民族的若しくは種族的、宗教的および言語的マイノリティに属する人びとの権利に関する宣言の実施のために、模範とすべき実践例、課題、機会、取組みを確認し、分析すること

このフォーラムはテーマ別討議のためにジュネーブで毎年2稼働日の会合を開き、国連メカニズム、組織、特定の機関、地域レベルを含むマイノリティに属する人々の人権の促進と保護に関する活動への基金、計画との協力関係を改善する、人権高等弁務官の尽力に貢献することを期待されている[40]。

フォーラムの議長（地域的ローテーションに基づいて毎年理事会の議長によって任命される）はフォーラムでの協議の要約準備に責任を有し、**マイノリティ問題に関する独立専門家**はその活動を指導し、年次会合の準備をする。独立専門家もまた、理事会の検討のために、それぞれの報告にフォーラムのテーマ別の勧告や将来的なテーマ別の議題への勧告を含めることを要請されている。

理事会はフォーラムでの作業内容を、4年後の2012年に見直すことになっている。

> マイノリティ問題に関するフォーラムとマイノリティ問題の独立専門家に関する最新情報はOHCHRのウェブサイトを参照のこと。

H.　先住民族の権利に関する専門家メカニズム

先住民族の権利に関する**専門家メカニズム**[41]は、従来の先住民族に関する人権小委員会の作業部会に代えて設置された。国連人権理事会の下部機関である専門家メカニズムは、人権理事会に対し、理事会が要請する方法や形式により先住民族の権利についてテーマ別に専門的知見を提供する。専門家メカニズムは毎年、国連人権理事会に報告を提出し、主として調査研究に基づく助言に焦点をあて、その活動の範囲内で、検討と承認のため人権理事会に提案をするこ

40　2008年12月15日から16日にかけて行われた開会式において、フォーラムは、マイノリティと教育へのアクセスを検討することが期待された。
41　2007年12月14日付人権理事会決議6/36によって創設された。

91

とができる。

専門家メカニズムは5人の独立専門家から構成され、各自3年の任期を務め、再選される可能性もある。私的または公式会合を併せて年に5日間召集される。決議の採択や決定をすることはできないが、自らの活動方法は自由に決定することができる。

先住民族の人権および基本的自由の状況に関する特別報告者と先住民族問題に関する常設フォーラムのメンバーは専門家メカニズムの年次会合へ参加し貢献する。

> 専門家メカニズムと、先住民族の権利および基本的自由の状況に関する特別報告者の最新情報については、OHCHRのウェブサイトを参照のこと。

I. ダーバン宣言・行動計画

2001年、人種主義・人種差別・外国人排斥および関連する不寛容に反対する世界会議が南アフリカのダーバンで開かれた。この会議で採択された**ダーバン宣言・行動計画**は、人種主義・人種差別・外国人排斥および関連する不寛容を撲滅するために協働するという、国家によるコミットメントが記録されている。これは包括的かつ行動指向的なロードマップであり、平等と非差別の原則を実現させるための機能的で共通のアプローチを提供しているものである。

2006年、国連総会はダーバン宣言・行動計画の実施に関する再検討会議を2009年に開催することを決定した。総会は人権理事会に対し、同会議の開催を準備し、3つの現行の進行中のフォローアップの仕組み[42]を活用し、具体的な計画を策定し、2007年に始まったこの問題に関する年間の情報更新と報告をするよう要請した[43]。再検討会議のための理事会の準備委員会は、同会議を2009年4月にジュネーブで開催することを決定した。（訳者注：再検討会議は2009年4月20日から24日にかけてジュネーブで開催された。この再検討会議の中で成果文書が採択された＊。）

---

[42] 3つのフォローアップの仕組みは、ダーバン宣言・行動計画の効果的実施に関する政府間作業部会、ダーバン宣言・行動計画の実施に関する独立賢人専門家グループ、アフリカに起源をもつ人々に関する専門家作業部会を指す。

[43] 総会決議61/149参照。

* 訳者注：アメリカ、オーストラリア、イスラエル、ドイツ等10か国はこの再検討会議を欠席した。再検討会議の初日に行われたイランのアフマディネジャード大統領の演説は物議をかもし、潘基文国連事務総長らがこの演説を非難するという事態となった。成果文書の採択は再検討会議の最終日に予定されていたが、急遽２日目に採択されることとなった。

1．ダーバン宣言・行動計画の効果的実施に関する政府間作業部会

ダーバン宣言・行動計画の効果的実施に関する政府間作業部会は人権委員会によって設立された（決議2002/68）。2006年６月、人権理事会はその任務をさらに３年間延長した（決議５/１）。政府間作業部会は以下の事項を任務としている。

- ダーバン宣言・行動計画の効果的実施の観点からの勧告
- あらゆる側面からの人種主義・人種差別・外国人排斥および関連する不寛容に対する国際的措置の強化や更新のための補足的国際基準の準備

*政府間作業部会*についてさらに調べるためにはOHCHRのウェブサイトを参照のこと。

2．ダーバン宣言・行動計画実施に関する独立賢人専門家グループ

世界会議はダーバン宣言・行動計画の規定の実施をフォローアップするため、５人の**独立賢人専門家**と協力するよう人権高等弁務官に要請した[44]。

2003年、地域グループとの協議後、国連人権委員会の議長によって推薦された候補者の中からコフィ・アナン事務総長（当時）によって独立賢人専門家が（各地域団体から一人）任命された。

専門家の任務は以下の通りである[45]。

- 人権高等弁務官と協力し、ダーバン宣言・行動計画の規定の実施をフォローすること
- 各国、関連人権条約機関、国連人権理事会の特別手続やその他の仕組み、国際・地域機関、NGOや国内人権機関によって提供される情報や見解に基づき、国連人権理事会や総会への年次報告を準備する際の人権高等弁務官への支援

---

[44] 行動計画の191条(b)、総会決議56/266参照。
[45] 人権委員会決議2003/30、総会決議59/177参照。

> 独立上級専門家についてのより詳しい情報、**アフリカに起源をもつ人々に関する専門作業部会**の最新情報については、OHCHRのウェブサイトを参照のこと。

3．アフリカに起源をもつ人々に関する専門家作業部会

アフリカに起源をもつ人々に関する専門家作業部会は国連人権理事会の特別手続である。世界会議の要請によって人権委員会により創設された。作業部会は、公平な地理的代表という理念を前提に任命された5人の独立専門家により構成される。作業部会は毎年5日間の会合を開き、世界中の様々な地域におけるアフリカに起源をもつ人々の状況の深い理解を促進するため、政府の招聘により各国を訪問する。作業部会は年次報告を国連人権理事会に提出する。

専門家作業部会の任務は以下の通りである[46]。

- 異国に住んでいるアフリカに起源をもつ人々が直面する人種差別の問題の研究、および、そのために、公開の会合の開催を含む方法により、政府、NGO、その他の関係情報源から情報を収集すること
- アフリカに起源をもつ人々が、司法制度に完全かつ効果的にアクセスできるようにするための措置を提案すること
- アフリカに起源をもつ人々への人種的プロファイリングを排斥するための効果的手段の計画、実施および執行に関する勧告の提出
- アフリカに起源をもつ人々に対する人種差別撲滅のための短期間、中期間、長期間の提案の立案
- 世界中でのアフリカ人やアフリカに起源をもつ人々に対する人種差別の撲滅に関する提案の作成
- ダーバン宣言・行動計画に含まれるアフリカ人とアフリカに起源をもつ人々の幸福を考慮したすべての問題への取組み

4．補完的基準の制定に関するアドホック委員会

国連人権理事会は**補完的基準の制定に関するアドホック委員会**を2006年12月に設立した。委員会は、優先性と必要性の観点から、**人種差別撤廃条約**について、条約または追加議定書の形式により補完的基準を作成する任務が与えられた。補完的基準には、以下の事項が求められている[47]。

---

[46] 人権委員会決議2002/68、2003/30参照。
[47] 人権委員会決議3/103、6/21参照。

- 条約中の既存のギャップを埋めること
- 人種や宗教に基づく憎悪の扇動を含めた、あらゆる形態の現代的な人種差別との闘いを目的とした新しい規範的基準を提供すること

アドホック委員会は必要な法文書を作成するために毎年10稼働日の年次会期を招集する。2008年2月、委員会は設立会合を開催し、理事会に定期的に進捗状況を報告することが求められた。

5．ダーバン再検討会議の準備委員会とその活動のフォローアップのための会期間に行われる自由参加の政府間作業部会

2007年、総会から付与された任務を実施するため[48]、人権理事会は**ダーバン再検討会議の準備委員会**[49]を設立した。準備委員会、ダーバン再検討会議に関連するすべての実施方法を決定するため、2007年8月に制度的会合を開き、その後に2008年4月と9月に10稼働日間の2つの実質的な会合を開催した。ダーバン再検討会議の実施方法の内容は以下の通りである。

- 目的
- 結果文書の構造
- 招集する会議のレベル
- 地域的な準備会合とその他の国レベルを含めた取組み
- 会合の日と開催地

ダーバン再検討会議の準備委員会の活動のフォローアップのための会期間に行われる自由参加の政府間作業部会は、2008年4月の準備委員会の初の実質的な会合において、国連人権理事会によって設立された。その任務は以下の通りである[50]。

- 貢献度の審査や、結果文書案の交渉開始を含む、準備委員会の活動のフォローアップ
- 書面による追加的貢献の検討と、準備委員会への報告

---

[48] 総会決議61/149参照。
[49] 人権理事会決議3/2参照。決議6/23も参照。
[50] 準備委員会決定PC2/4参照。

> ダーバン再検討会議の準備委員会、自由参加の政府間作業部会についてのより詳しい情報は、OHCHRのウェブサイトを参照のこと。

◆ 国連人権理事会とその任務と仕組みへのアクセスと活用方法

◆ 国連人権理事会の会期へのNGO参加の調整と実践

> "非政府組織のみならず、理事会の理事国以外の国、特別機関、その他の政府間組織、国内人権機関を含むオブザーバーの参加および協議は、これら諸団体の最も効果的な貢献を確保する一方で、1996年7月25日のECOSOC決議1996/31を含む取決めと、人権委員会での慣行に基づくものとされている。"[51]

決議60/251の中で、総会は、人権の促進と保護に関して、国内・地域・国際レベルのいずれでも、NGOやその他の市民社会のアクターが重要な役割を果たしていることを認めた。国連人権理事会でのNGOの参加については、以下の通り規定されている。

- 人権委員会（ECOSOC決議1996/31を含む）による取決めと慣行に基づくこと
- NGOと他のオブザーバーの最も効果的な貢献を確保すること

人権委員会によるNGO参加に関する取決めと慣行の人権理事会への移行は成功した。オブザーバーの"最も効果的な貢献"を確保するという国連人権理事会の義務に従い、これらの取決めと慣行は引き続き発展し、前進していくものである。

◆ ECOSOCの協議資格を有するNGOの国連人権理事会会期へのオブザーバー参加

国内・地域・国際レベルでのあらゆる人権の促進と保護にNGOの役割は不可欠である。国連人権理事会の最初の2年間においてNGOの参加は国連の信頼性を高める重要な要素であった。国連人権理事会のすべての議題を検討する

---

[51] 総会決議60/251、人権理事会決議5/1付録参照。

一方で、実質的な議論と同じく、有意義かつ不可欠なインプットにより、国連人権理事会の制度構築に大きく貢献した。

さらに、人権分野でのNGOの補完的活動は、従来の"名指しで非難する"政策から、政府や他の利害関係者とのより協力的な関与へと移行していると認識されている。このような責任ある関与は、現地の人権状況を改善する方向を目指すべきである。

したがって、特に今や人権理事会が何度も会合をもち、UPRも行われているから、現地のNGOの参加やインプットは不可欠である。要するに、国連人権理事会やNGOコミュニティが直面している主要な課題は、理事会の活動への市民社会の参加を超えて、理事国と市民社会との間の真のパートナーシップの構築にある。

ルイス・アルフォンソ・デアルバ　メキシコ大使
国連人権理事会初代議長（2006－2007）

NGOは人権委員会から引き継いだ国連人権理事会での一定の参加レベルを享受しており、これは国連システムの中でも独自の位置づけにある。加えて国連人権理事会は、政府間機関として、NGOが持ち込む知見、専門性、目撃者としての役割、草の根レベルの視点によって大いに向上した。

2006年6月の初会期から、NGOは国連人権理事会への重要かつ包括的な参加レベルを享受していた。2008年3月の第7回通常会期では、180のNGOを代表して総計1116人が参加した。この同じ会期でNGOは98の意見書を提出し、224の口頭での意見表明を行い、69の並行イベントを開催した。国連人権理事会の議長および事務局は、国連人権理事会とそのメカニズムが1年間を通じて継続的に幾度も会合を開催することを考慮し、模範とすべき実践例だけでなく、人権委員会による取決めと慣行に基づく制度構築を模索した。

ECOSOCの協議資格を有するNGOだけが国連人権理事会の会合にオブザーバーとして参加することが認められる。各団体には誰を代表にするかを決める権利がある。

ひとたびオブザーバーと認められると、ECOSOCの協議資格を有するNGOは理事会で様々な特権や取決めを享受することになる。具体的には以下の通りである。

- 予定された会期に先立ち国連人権理事会へ意見書を提出すること
- 国連人権理事会の議題のうち、あらゆる実質的な議題について口頭で意見表明をすること
- 討論、相互対話、パネルディスカッションへの参加
- 国連人権理事会の活動に関連のある問題についての並行イベントの開催

ECOSOCの協議資格を有するNGOには、常にこの協議関係の確立と性質を律する原則に従う責任がある。特にECOSOC決議1996/31は、NGOが国連の会合への参加を一時停止され、または参加から排除される可能性があり、とりわけ、NGO（NGOのために行動している関連団体や代表を含む）が国連憲章の目的や基本原則に反する一連の行動に従事することによって、明らかに協議資格を濫用する場合には、協議資格は撤回されると規定している。

◆ 信　任

ECOSOCの協議資格を有するNGOの代表者は、参加を望む国連人権理事会の会期への信任を求めなければならない。

信任を要請する手紙の様式は以下の通りである。

- その団体の正式なレターヘッドで提出すること
- その団体が参加を希望する会期の名称と開催期間を明確に記載すること
- その団体の代表またはジュネーブにおける団体の責任者による署名があること
- 国連人権理事会の会期で、団体を代表する者の人名の表記。その人名は身元確認資料にそのまま表記されてあるものであり、姓は大文字とすること

> 信任を受けるために、ECOSOCの協議資格を有するNGOはできるだけ会期の前に手紙をファックスするとよい。
> 信任の依頼先は **+41 (0)22 917 90 11**

◆ 意見書

国連人権理事会の会期前に、ECOSOC協議資格のあるNGOは国連人権理事会の活動に関連する意見書を、個別にまたは他のNGOと共同で提出することが認められている。意見書はNGOが特別の能力を有する課題についてのものでなければならない。意見書は、ひとたび国連人権理事会の事務局に受領され、処理されると、国連人権理事会の会期の公文書の一部となる。

以下の事項に留意すること。

- **ECOSOC の一般協議資格**を持つ NGO の意見書は2000字以下であること
- **ECOSOC の特別協議資格**を持つ NGO またはロスター資格の NGO の意見書は1500字以下であること

> NGO は、OHCHR のウェブサイトの人権理事会のページに登載されている**総合情報ノート**を参照することが推奨されている。
> 意見書は**国連人権理事会事務局**：hrcNGO@ohchr.org へ提出すること。

◆ 口頭での意見表明

ECOSOC の協議資格を有する NGO は、国連人権理事会の会期における一般討論および相互対話の双方において、実質的議題について口頭で意見を表明することが認められている。国連人権理事会が一年を通じて継続的に会合を開催していることから NGO の意見表明の様式は変化し続けているが、その様子は NGO 情報連絡ページの国連人権理事会の**エクストラネット**で閲覧できる。

意見表明を希望する NGO の代表は、本会議では、会議場の「スピーカーリスト」デスクで自ら登録しなければならない。個別のまたは共同の意見表明の登録用紙は国連人権理事会の**ホームページ**からダウンロードでき、登録の際には自らデスクに持参する。

NGO が文書、パンフレットその他の資料を本会議場で配ることは許可されていないことに注意すること。しかしながら、NGO が行った意見表明のコピーは本会議場の後方の指定されたテーブルに置くことができる。他のすべての NGO の文書は指定された本会議場の外の NGO テーブルに置いておくことができる。

◆ 並行イベント

ECOSOC の協議資格を有する NGO は、国連人権理事会の会期への参加を認められた場合には、国連人権理事会の活動に関連する公開イベントを開催してもよい。このようなイベントは"**並行イベント**"と呼ばれ、会期の合間に、通常は昼休みの間に行われる。通常、並行イベントは、パネルディスカッションと公開討論を組み合わせ、国連人権理事会に関連性のある重要な人権課題や状況について、NGO が経験を共有し、他の NGO、国や利害関係者（特別手続の任務保持者を含む）との討論に参加するための場を提供するのである。

部屋は、並行イベントの主催者に無料で貸し出され、予約は先着順である。

並行イベントの共催を希望する NGO は「共催フォーム」に記入しなければならない[52]。

並行イベントを主催する NGO は、並行イベントへの参加を目的として国連人権理事会の会期に参加する信任状がない人を招待してもよい。招待客の最終リストは並行イベントへの参加が認められるようにするため、人権理事会事務局とプレグニー警備室に48時間前に提出しなければならない。招待者は、並行イベントへの参加に限られた信任を受けることになる。

並行イベントの主催者である NGO はイベントの内容と参加者の行動に責任を有している。その際には以下の事項を考慮すること。

- 事務局は NGO の並行イベントのために通訳を提供しない。NGO は希望する場合、自身で通訳を連れてくることは認められている。その場合、事前に事務局にその旨を知らせること。
- 並行イベントでのカメラやビデオレコーダーの使用は禁止されている。ただし、ジュネーブの国連事務所によって正式に認められたジャーナリストやカメラマンを除く。

> 並行イベントの開催のための部屋の予約は **+41 (0)22 917 90 11** へファックスすること。**信任、意見書、口頭での意見表明、並行イベントに関する最新情報**は国連人権理事会のエクストラネットの NGO 情報連絡ページを検索すること。

◆ 国連人権理事会の任務と仕組みに参加し従事する

A. 普遍的定期審査

> **普遍的定期審査**にどのようにアクセスし関与するかについての詳細な情報はこのハンドブックの第Ⅶ章（普遍的定期審査）を参照のこと。

B. 国連人権理事会諮問委員会
諮問委員会の活動に参加し貢献する。

---

52 人権理事会のウェブページより入手可能。

諮問委員会の前身は旧小委員会であり、ECOSOC の協議資格を有する NGO の参加によって多大な恩恵を受けた。2008年9月までに、諮問委員会が手続規則や作業方法を発展させた一方で、国連人権理事会は、諮問委員会に、諮問委員会の任務を実行する中で、NGO およびその他の市民社会におけるアクターと相互関係を築くことを要請した。各国は諮問委員会委員の任命候補者を指名する前に市民社会のアクターと協議するよう奨励された。

最も効果的な NGO の貢献を確保する一方で、ECOSOC 決議1996/31を含む人権委員会および国連人権理事会による取決めと慣行に基づき、NGO は諮問委員会の活動に参加する資格を有する。

諮問委員会の会期へのオブザーバーとしての参加に関心のある NGO は事務局に問い合わせる必要がある。

> 諮問委員会の活動にどのように貢献するのかについてのさらなる情報は HRCAdvisoryCommittee@ohchr.org へ連絡すること。

C. 申立手続

> 申立手続の情報にどのように貢献するかについての詳細な情報は、このハンドブックの第Ⅷ章（人権侵害に関する申立ての提出）を参照するか、CP@ohchr.org に連絡すること。

D. 特別手続

> 特別手続にどのようにアクセスし関与するかについての詳細な情報についてはこのハンドブックの第Ⅵ章（特別手続）を参照のこと。

E. 国連人権理事会の作業部会
◆ 発展の権利に関する自由参加の作業部会
作業部会の会期に参加する。

作業部会が自由参加である限り、ECOSOC の協議資格を有する NGO は会期の公開部分に参加することができる。

発展の権利の実施に関する**ハイレベルタスクフォース**の会合に参加したNGOは冒頭に陳述する機会が与えられる。

> **作業部会**または**ハイレベルタスクフォース**の参加に関心のあるECOSOCの協議資格を有するNGOは**登録用紙**（OHCHRのウェブサイトにある専門ページで入手可能）を記入しサインした信任の依頼書と一緒に以下へ送ること。
> **The Accreditation Officer**（信任担当官）
> ファックス：+41 (0)22 928 9010
> 電話：+41 (0)22 928 9829

◆ 作業部会の活動への貢献

作業部会に割り当てられた重要な任務の一つは、NGOの活動と発展の権利との関連性に関する、NGOの提出した報告や他の情報を審査することである。作業部会はNGOや他の市民社会のアクターによる貢献を歓迎する。これは部分的にはハイレベルタスクフォースの活動によって容易にされたものであって、公式の会期には広範囲に渡る市民社会のアクターやNGOが参加できるように開かれている。

NGOおよびその他の市民社会のアクターは、意見書を提出し、活動、作業計画、作業部会の勧告の実施についてタスクフォースの活動に関与することが奨励されている。

F. 社会フォーラム

◆ 社会フォーラム会合への参加

社会フォーラムは以下を含む関心のある利害関係者の参加ができるように開放している[53]。

- 政府間機関
- 国連システムにおける異なる機関、特にテーマ別手続の任務保持者と人権機構の仕組み
- 地域経済委員会
- 特別政府機関および組織、特に国連開発プログラム（UNDP）、世界銀行、国際通貨基金、世界貿易機関

---

[53] 人権理事会決議6/13参照。

- 国内人権機関によって指名された代表およびECOSOC協議資格を有するNGO
- その他のNGO、特に「北」から「南」までの小集団および村落・都市部の団体、反貧困グループ、小規模農業者・農民組織およびその国内・国際団体、ボランティア組織、青少年団体、コミュニティ団体、労働組合、労働者団体などの新たに設立されたアクター、並びに民間部門、地方銀行およびその他の金融機関および国際開発機関の代表

市民社会のアクターの社会フォーラムへの参加は、以上に述べた団体による最も効果的な貢献を確保しつつ、ECOSOC決議1996/31を含む取決めと人権委員会により順守された慣行に基づいて決定される。人権理事会は、OHCHRに対し、NGO、民間企業、国際組織との関係の創設を含めた、社会フォーラムにおける、各地域、特に発展途上国からの代表の相談体制、広範な参加を確保するための効果的な手段を模索するようOHCHRに要請した[54]。

> 社会フォーラムへの参加に関心のある市民社会のアクターは事務局へ連絡すること。さらなる情報については、socialforum@ohchr.org に連絡すること。

G. マイノリティ問題に関するフォーラム
◆ **マイノリティ問題に関するフォーラム会合に参加する**

マイノリティ問題に関するフォーラムは、ECOSOCの協議資格を有するNGO、国連憲章の精神、目的および原則に適合した目標と目的を持つその他のNGOの参加のために開放されている。マイノリティ問題を専門とする学者や専門家を含む、他の市民社会のアクターも参加が認められている。

> マイノリティ問題に関するフォーラムの活動への参加または貢献に関心のある市民社会のアクターは事務局へ連絡すること。
> さらなる情報は minorityforum@ohchr.org へ連絡すること。

◆ **フォーラム議長としての候補者推薦**

国連人権理事会決議5/1に従い、ECOSOCの協議資格を有するNGOと他

---

[54] 人権理事会決議6/13参照。

の国連人権理事会のオブザーバーは、理事国と同様に、マイノリティ問題のフォーラムの議長に任命される候補者を推薦することができる。

H. 先住民族の権利に関する専門家メカニズム

◆ 専門家メカニズムの会合への参加

専門家メカニズムの年次会合はNGOおよび先住民族の団体を含む市民社会のアクターが参加できる公開会合である。

◆ 先住民のための任意基金

先住民族のコミュニティや団体の代表が、先住民族に関する専門家メカニズムや常設フォーラムに参加する際に経済的支援をするため、**先住民のための任意基金**が設立されていることも市民社会のアクターは認識しておいてよい。

> **専門家メカニズム**の活動への参加または貢献に関心のある市民社会のアクターは事務局へ連絡するように：expertmechanism@ohchr.org
> 受益者の選考基準を含む**先住民のための任意基金**についての詳細はこのハンドブックの第Ⅸ章（基金および助成金）を参考にすること。

◆ 専門家メカニズムへの任命の候補者推薦

国連人権理事会決議5／1に従い、NGOおよびその他の人権団体は、専門家メカニズムの独立専門家として任命される候補者を推薦することができる。個人が自らを候補者として推薦してもよい。

独立専門家としての任命基準は、専門的知識、専門分野での任務の経験、独立性、公平性、誠実性および客観性である。ジェンダーバランス、衡平な地理的代表、異なる法制度の適切な代表についても、適正な配慮がなされる。

> **候補者の推薦方法**、または任命のプロセスの詳細については、**国連人権理事会の事務局へ連絡**すること。
> Eメール：hrcexpertmechanism@ohchr.org
> ファックス：+41 (0) 22 917 9011
> 電話：+41 (0) 22 917 9223

I. ダーバン宣言・行動計画

ダーバン世界会議に関連する国連人権理事会のメカニズムの活動への参加、貢献の方法に関する情報については以下へ連絡すること。

反差別ユニット
Anti-Discrimination Unit
Office of the United Nations High Commissioner for Human Rights
住所：8-14, avenue de la Paix
CH-1211 Geneva 10, Switzerland
Eメール：adusecretariat@ohchr.org
電話：+41 (0)22 928 92 08
ファックス：+41 (0)22 928 90 50

１．ダーバン宣言・行動計画の効果的な実施に関する政府間作業部会

作業部会が公開されていることから、ECOSOC の協議資格を有する NGO、ダーバン世界会議への参加が認められた NGO は公開会合への参加が認められている。会合に参加する NGO は口頭での意見表明の機会が与えられ、また意見書を提出することができる。

２．独立賢人専門家の団体

賢人専門家団体への報告の提出に関心のある NGO は **OHCHR 反差別ユニット**へ連絡すること。

３．アフリカに起源をもつ人々の専門家作業部会

ECOSOC 協議資格のある NGO、ダーバン世界会議への参加が認められた NGO は作業部会の会期に参加することができる。会期に参加する NGO は意見書を提出し、口頭で意見を表明する機会が与えられる。

作業部会参加における最新情報については OHCHR のウェブサイトを参照のこと。

作業部会による任務の遂行を可能にするため、NGO およびその他の市民社

会のアクターには情報や報告を作業部会に提出することが求められる。NGOおよびその他の市民社会のアクターは、作業部会が現地を訪問する際に当地の情報を提供し、現地の人々が作業部会のメンバーに話をする手配をすることで、作業部会に協力することができる。

4．補完的基準設定に関するアドホック委員会

ECOSOCの協議資格を有するNGO、ダーバン世界会議への参加が認められたNGOは作業部会の公開会合に参加することができ、口頭での意見表明の機会を与えられる。

市民社会のアクターはアドホック委員会へ情報や研究を提供するよう招請される。これに関心のある市民社会のアクターは、**OHCHR反差別ユニット**に連絡するとよい。

5．ダーバン再検討会議の準備委員会と、同委員会の活動のフォローアップのための自由参加の会期間政府間作業部会

準備委員会と自由参加の政府間作業部会は再検討会議の準備段階で設立された。以下の基準や取決めは、準備委員会会期のNGOの参加にも適用される。これらの会期に参加が認められたNGOは自由参加の政府間作業部会の会合にも参加することができる。

- ECOSOCの協議資格を有するNGOは、ECOSOC決議1996/31に従って、準備委員会のすべての会期への完全な参加を招請される。
- NGOの参加の信任について政府が疑義を呈さない限り、協議資格はないがダーバン世界会議やそのフォローアップの仕組みに参加することが認められたNGOは、すべての会期に参加するよう招請される。NGOの参加の信任に関して疑義が呈された場合、そのNGOは反論する機会を与えられ、決議1996/31において設立された標準手続に基づき準備委員会が最終決定を下す。
- ダーバン世界会議やフォローアップの仕組みへの参加が認められていなくとも、協議資格のないNGOは事務局に準備委員会に参加するための申請書を提出することができる。事務局は決議1996/31の定める条件を満たしているか確認するため、受領したすべての申請を審査する。
- ECOSOC決議1995/32に従って信任された先住民族の代表であって準備委員会の会期に参加する意思を表明したものは、作業部会への参加を認められることになる。他の関心がある先住民族の代表も、決議1996/31によって設立された標準手続に従って参加を認められる。

準備委員会と自由参加の政府間作業部会の会期に参加する NGO は意見表明や意見書の提出の機会を与えられる。

ECOSOC の協議資格を有する NGO や、ダーバン世界会議とその準備委員会を含めたフォローアップの仕組みへの参加を認められた NGO は、再検討会議に参加することもできる[55]。

ダーバン世界会議やフォローアップの仕組みへの参加を認められていない NGO は、再検討会議に参加するために申請を提出するよう招請される。

◆ OHCHR の情報源

◆ 国連人権理事会のウェブページ

市民社会のアクターは、会期に参加する上での最新情報について、国連人権理事会のホームページに定期的にアクセスしているとよい。

◆ エクストラネット

国連人権理事会のホームページに**エクストラネット**がリンクしている。エクストラネットは以下の事項からなる。

- 国連人権理事会の決議案・決定案
- 締約国その他の利害関係者による非公式文書
- 国連人権理事会の通常会期や特別会期、組織会合における締約国、オブザーバー国、NGO、他の参加者による口頭での意見表明

エクストラネットは定期的に更新される会期の詳細な情報とともに、NGO の連絡情報ページも登載している。

> パスワードで保護されたエクストラネットページへアクセスするためには、OHCHR のウェブサイトの国連人権理事会ページで入手可能なオンライン申請フォームを記入するように。これを終えればユーザーネームとパスワードが E メールで送信される。

---

[55] "ダーバン再検討会議の準備に関する人権理事会報告：第 1 会期に関する準備委員会報告"（A/62/375、規約66）参照。

◆ ウェブキャスト

国連人権理事会とそのメカニズムのいくつかの公開会合は、ウェブキャストで視聴することができる。ウェブキャストでは過去の会合のビデオも視聴することができる。

ウェブキャストを見るためには、適切なソフトウェアをダウンロードする必要がある。

> ウェブキャストサービスはOHCHRのウェブサイトの国連人権理事会ページからアクセス可能である。

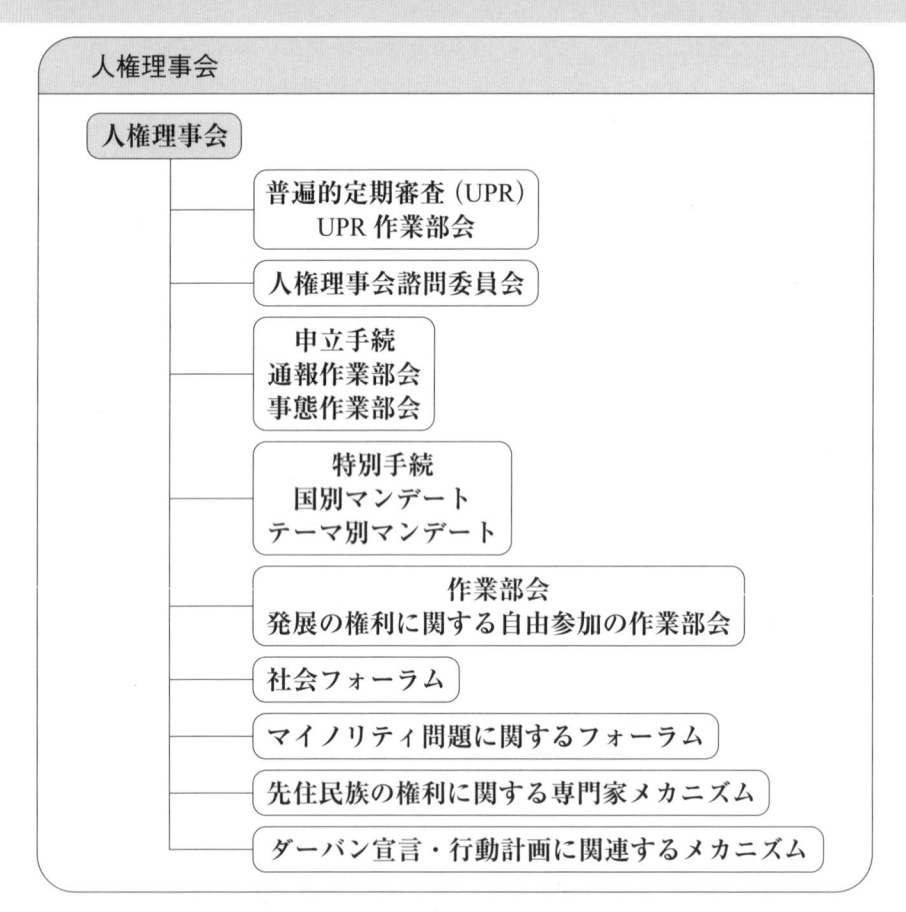

```
人権理事会
 └─ 人権理事会
     ├─ 普遍的定期審査（UPR）
     │   UPR作業部会
     ├─ 人権理事会諮問委員会
     ├─ 申立手続
     │   通報作業部会
     │   事態作業部会
     ├─ 特別手続
     │   国別マンデート
     │   テーマ別マンデート
     ├─ 作業部会
     │   発展の権利に関する自由参加の作業部会
     ├─ 社会フォーラム
     ├─ マイノリティ問題に関するフォーラム
     ├─ 先住民族の権利に関する専門家メカニズム
     └─ ダーバン宣言・行動計画に関連するメカニズム
```

付録　人権理事会およびそのマンデートと仕組みにアクセスし、参加するには

会合／仕組み	市民社会のアクター（CSAs）の各仕組みへの参加資格	これらのCSAsの各仕組みの作業への参加方法	いかなるCSAsならば、仕組みの機能に貢献できるのか？（会合への出席以外の方法で）	各貢献はどのような形で行われるか
人権理事会の通常会期および特別会期	ECOSOCの協議資格を持ったNGOで、参加が認められた団体	● 意見書の提出 ● 口頭での意見表明 ● 並行イベントの主催	ECOSOCの協議資格を持ったNGOのみが通常会期・特別会期に意見書を提出できる。	● ECOSOCの協議資格を持つNGOは、意見書に関するガイドラインを参照すべきである。
普遍的定期審査（UPR）	ECOSOCの協議資格を持ったNGOで、参加が認められた団体	● 情報提供会合の主催 ● 人権理事会の通常会期において成果文書が採択される直前に簡潔な一般的意見を表明できる。	関係するCSAs	● 国別報告書の準備に向けた政府との協働 ● OHCHRの概括に含まれる可能性のある利害関係者からの提出物への貢献 ● UPRの成果（所見、勧告、自発的誓約、コミットメント）のフォローアップに関わる活動
人権理事会諮問委員会	ECOSOCの協議資格を持ったNGOで、参加が認められた団体	● 意見書の提出 ● 口頭での意見表明	関係するCSAs	● 諮問委員会の委員任命に際しての候補者の推薦
申立手続	この手続の会合は非公開。いかなるCSAsも通報手続およびその作業部会に参加することはできない。	N/A	関係するCSAs	● 通報手続下での通報の提出
特別手続	NGOおよびその他のCSAsは、特別手続の際に任務保持者との面談に参加することができる。	● 特別手続きの年次会合の各会合の中で行われる任務保持者との相互対話 ● ECOSOCの協議資格を持つNGOは、人権理事会の通常会期において、任務保持者との相互対話に参加することができる。	関係するCSAs	● 緊急アピールおよび個別案件の提出 ● 国別訪問への支援の機会の提供 ● 特別手続のマンデートのミッション、およびフォローアップの履行に関わる助言、普及 ● 任務保持者との会談 ● 任務保持者の候補者の推薦
発展の権利に関する自由参加の作業部会	ECOSOCの協議資格が認められたNGO、作業部会の各公開会合に参加することができる。 また、ハイレベルタスクフォースの各会合にには広範囲のCSAsが参加できる。	● ハイレベルタスクフォースの会合に出席するNGOは、冒頭発言を行う機会を与えられる。 しかしながら、この機会は作業部会にはない。	関係するCSAs	● 作業部会への意見書提出 ● タスクフォースとの協働 ● 作業部会から出される勧告の履行

機関	参加	貢献	関係するCSAs	情報提供
社会フォーラム	会合には広範囲のCSAsが参加できる。	会合において、国際的な人権メカニズムでのフィードバックを行う模範となるべき実践例の根レベルの会合におけるプレゼンテーション	関係するCSAs	社会フォーラムへの情報提供
マイノリティ問題に関するフォーラム	マイノリティ問題に関するNGO、研究者、専門家を含む広範囲のCSAsが参加できる。	口頭での意見表明/プレゼンテーション、意見書	関係するCSAs	フォーラムへの情報提供、ECOSOCの協議資格を持つNGOはフォーラムの議長の候補者を推薦することができる。
先住民族の権利に関する専門家メカニズム	NGOや先住民族、および先住民族で構成される団体を含む幅広いCSAsが参加できる。	口頭での意見表明/プレゼンテーション、意見書	関係するCSAs	専門家メカニズムへの情報提供、独立専門家の候補者を推薦すること
ダーバン宣言・行動計画の効果的実施に関する政府間作業部会	ECOSOCの協議資格を持つNGO、ダーバン世界会議への参加を許可されたNGO	口頭でのプレゼンテーション、意見書	関係するCSAs	作業部会への情報提供
独立賢人専門家グループ	会合は原則として非公開で行われる。しかし、専門家グループは意見交換を行うためにCSAsを招聘することができる。	専門家グループからの招聘時の意見交換	左記の分類に該当するCSAsのみが政府間作業部会に情報を提供することができる。	グループへの情報提供
アフリカに起源をもつ人々に関する専門家作業部会	ECOSOCの協議資格を持つNGO、ダーバン世界会議への参加を許可されたNGO	口頭でのプレゼンテーション、意見書の提出	関係するCSAs	作業部会への情報提供、作業部会の国別訪問中、現地で情報提供を行う、国別訪問期間中に、作業部会に所属する専門家との会談を行う
ダーバン再検討会議の準備委員会	ECOSOCの協議資格を持つNGO、ダーバン世界会議への参加を許可された(ECOSOCの協議資格を持っていない)NGOは、世界会議に参加して自由参加申請書を提出すれば出席することができる。先住民族の代表	口頭でのプレゼンテーション、意見書の提出	左記の分類に該当するCSAsのみが準備委員会および会期間作業部会に情報を提供することができる。	準備委員会および会期間に行われる自由参加の作業部会への意見書の提出
その活動のフォローアップのための会期間に行われる自由参加作業部会				
補完的基準の制定に関するアドホック委員会	ECOSOCの協議資格を持つNGO、ダーバン世界会議への参加を許可されたNGO	口頭でのプレゼンテーション、意見書の提出	関係するCSAs	アドホック委員会への情報提供およびCSAへの意見書および研究の提供

第Ⅵ章　特別手続

特別手続の概観

◆ **特別手続とは何か？**

「**特別手続**」とは、**国連人権委員会**が創設し**人権理事会**が引き継いだ、特定の国や地域における人権状況（**国別手続**）、または世界的に発生する主な人権侵害（**テーマ別手続**）について、調査、監視、勧告および報告の公表を行うことを目的としたメカニズムの総称である。2008年9月までに、38件の特別手続（30件のテーマ別手続と8件の国別手続）が実施されている。

特別手続に任命された者は独立専門家（任務保持者）であり、特別報告者、代表、特別代表、独立専門家、作業部会の構成員として知られる。

国連人権高等弁務官事務所（OHCHR）は、独立専門家が任務を遂行する上での人的支援、事務的支援および調査支援を行っている。

◆ **特別手続の機能**

特別手続の内容は以下の通りである。

- 人権侵害の現実のおよび潜在的な被害者と日々情報を交換し、その権利保護に取り組む。
- 各国政府と直接にコミュニケーションを図ることを通じて、個別案件またはより一般的な課題に関する人権問題について活動する。
- 対象国へ事実調査団を派遣し、提言を組み込んだ報告を公表する。
- 人権規範および人権基準の指針となるテーマ別研究を行う。
- 任務について、メディアを通して市民の意識向上を図る。
- 国連の条約機関と異なり、特別手続は、当該国が関連する文書や条約を批准していない場合にも実施することが可能であり、また特別手続へのアクセスには、当該国が国内救済手段を尽くしていることを要しない。

◆ **特別手続へのアクセスおよびその活用方法**

市民社会のアクターは個人または集団で特別手続にアクセスでき、また活用することができる。その方法は以下の通りである。

- 特別手続に個別案件を申し立てる。
- 特定の人権問題に関して情報と分析を提供する。
- 特別手続の国別訪問の支援を行う。
- 現地レベルおよび国レベルで、特別手続の作業の普及、フォローアップ、実施

- に取り組む。
- 市民社会のアクター自身の活動に参加してもらうために特別手続の任務保持者を招待する。
- 年間を通して任務保持者と会合し、特別手続の任務保持者の年次会合に参加する。

市民社会のアクターはまた、特別手続の任務保持者候補者を推薦できる。

特別手続の任務保持者と連絡を取るには

Eメール：**SPDInfo@ohchr.org**（一般的な問い合わせ・情報）
　　　　urgent-action@ohchr.org（個別事案・申立てのみ受付）
ファックス：+41 (0)22 917 90 06
郵便：即時対応デスク
　　　Quick Response Desk
　　　Office of the United Nations High Commissioner for Human Rights
　　　Palais des Nations
　　　8-14, avenue de la Paix
　　　CH-1211 Geneva 10 - Switzerland

　市民社会のアクターは、Eメール若しくはファックスの件名、または郵便封筒の表に、連絡を希望する特別手続を記載すること。
　連絡先はすべての特別手続で同一なので、連絡の主な用件・目的を明示することによって、より迅速な対応が可能になる。
　また、連絡が一般的な情報提供なのか、個別の申立てなのか、他の要望（たとえば、会議への招聘、任務保持者やそのアシスタントとの会合の要請）なのかを明示することも重要である。

◆ 特別手続とは何か？

◆ 特別手続入門

　「**特別手続**」とは、**国連人権委員会**が創設し**人権理事会**が引き継いだ、特定の国の人権状況、または世界中で発生するテーマ別の問題について取り組むメカニズムの総称である。特別手続の重要な特徴は、人権侵害発生の申立てに対し、いつでも、また世界中のどこで発生している人権侵害であっても、迅速に

対応する能力を有していることである。

　特別手続の任務は、通常、特定の国若しくは地域の人権状況（**国別手続**）、または世界中で発生している主な人権侵害（**テーマ別手続**）についての監視、助言、公表を、任務保持者にさせることである。各特別手続の任務の内容は、当該手続を設立した決議によって定義されている。人権理事会[56]が特別の決定をしない限り、テーマ別手続は3年ごと、また国別手続は毎年更新される。2008年9月までに、38の特別手続が実施されている。その内訳は、30件がテーマ別手続であり、8件が国別手続である（本章末尾資料参照）。

　特別手続の任務保持者は個人（特別報告者、事務総長特別代表、事務総長代理または独立専門家）またはグループ（作業部会）[57]である。任務保持者は最長で6年間、個人の資格で従事し、その作業について俸給その他一切の報酬を受けない。任務保持者の独立した地位は、公平な任務の遂行に不可欠である。

　国連人権高等弁務官事務所（OHCHR）は、特別手続の任務保持者に対して、任務保持者の活動を支援するため、人的支援、事務的支援、調査支援を行う。

　特別手続の任務保持者は、下記の活動を行う。

- 様々な情報源から、随時人権状況に関する情報を受け取り、その分析を行う。
- 国連の内外を問わず、政府および非政府のパートナーとネットワークを作り、情報を共有する。
- 申立てがなされた人権侵害に関し、対象国の政府に対して―多くの場合、緊急に―説明を求める。必要な場合は、対象国政府に対し、人権の享受を確保または回復するための保護措置の実施を要求する。
- 特定の人権状況および事態、並びに人権への脅威、人権侵害に関する意識を喚起する。
- 特定の状況から必要と認められる場合は、メディアや他の公式発言を通して懸念を表明する。
- 各特別手続の任務と関係する人権状況の評価を行うために国別訪問を行い、かつ政府に対して人権状況改善を目的とした勧告を行う。
- 人権理事会に対して、任務に基づく通常の活動、現地調査および特定のテーマ別

---

[56] 添付資料パラグラフ60に記載の決議5/1、および、「特別手続任務保持者職務規程」（A/HRC/PRST/8/2）を参照のこと。
[57] 作業部会の構成員は、通常5人で構成されており、5つの国連地域グループ（アフリカ、アジア、東欧、ラテンアメリカ・カリブ諸国、西欧他）から各1人選出されている。

問題の動向や事態について、報告と勧告を行う。また任務に関係がある場合は国連総会（そして、場合によっては安全保障理事会）に対しても報告と勧告を行う。
- テーマ別研究によって、任務の対象分野について、権威ある規範や基準の発展に寄与したり、特定の問題ついて法律専門知識を提供したりする。

◆ 特別手続制度の見直し、合理化および改善について

国連総会は、**決議60/251**において、人権理事会に対し、特別手続制度を見直し、必要な場合にはその改善と合理化を図ることを要求した。

国連人権理事会の制度構築に関する**決議5/1**において、理事会は特別手続の任務保持者に関する新たな選出・任命手続を作成し、特別手続の任務に関する見直し、改善、合理化の手続を制定した。

人権理事会はまた、人権理事会の特別手続の任務保持者に関する行動綱領を制定する**決議5/2**を採択した。

2つの国別手続（ベラルーシおよびキューバ）は決議5/1採択により終了した。また、第9回通常会期が終了するまでに、理事会は2つの新たなテーマ別手続（「**現代的形態の奴隷制（その原因と結果を含む）に関する特別報告者**」と「**安全な飲料水と衛生へのアクセスに関連する人権義務に関する独立専門家**」）を創設し、更に2件の国別手続（コンゴおよびリベリア）を中止した。

> *i* 人権理事会の詳細な情報に関しては、本ハンドブックの第Ⅴ章（人権理事会）を参照のこと。

◆ 任務保持者の選出と任命

任務保持者の任命に関する一般的な基準

決議5/1に従って、以下の一般的な基準が、任務保持者の指名、選択、任命について適用される。

- 専門的知識
- 対象任務の分野における経験
- 独立性
- 公平性
- 誠実さ

- 客観性

任務保持者の任命に際しては、ジェンダーバランスや衡平な地理的代表の選出、異なる法制度の適切な反映も十分に考慮されなければならない。

任命のために求められる資格

人権分野における確立した能力、関連する専門知識と豊富な専門経験を有し、かつ時間に融通がきき任務遂行が可能であるような、高い資質を持った者が、任務保持者[58]として任命される候補者になる資格があるとみなされている。

政府やその他のあらゆる組織（非政府組織（NGO）や国内人権機関（NHRI）等の人権組織）において意思決定を行う立場にある者は、任務によって生じる責任と利益相反が生じる場合があるので除外される。

任務保持者を任命する際には、人権職務の非兼任の原則も考慮される。これは、一人が同時に複数の国連人権任務を担うべきではないということを意味している。

候補者を指名できるのは誰か？

次の者が特別手続任務保持者の候補者を指名できる。

- 政府
- 国連人権組織において活動する地域グループ
- 国際機関とその事務所（e.g. OHCHR）
- NGO
- 他の人権団体
- 個人

公開候補者リストと欠員リスト

候補者の指名に基づき、OHCHR は、適格な候補者の公開リストを作成、保管し、定期的に更新する。このリストには候補者の個人情報や専門分野、専門経験などが記載されている。OHCHR はまた、近く欠員が出る予定のすべての任務情報も登載している。

---

[58] 国連人権理事会決議6/102参照。

> *i* 公開の候補者リストは理事会のエクストラネットの特別手続のセクションで閲覧可能である。

協議グループ

5つの地域グループから1人ずつ個人の資格で選ばれたメンバーで構成される協議グループは、OHCHRの公開候補者リストを検討し、独自の候補者リストを作成して人権理事会の議長に提出する。

このグループの推薦は公開されなければならず、かつ正当性が実証されたものでなければならない。

欠員が出た任務に必要な専門知識や経験、能力、他の条件を判断する際、当該協議グループは、必要に応じて、現職または退任予定の任務保持者を含む利害関係者の意見も考慮する。協議グループはOHCHRの支援を受けている。

任務保持者の任命

協議グループの推薦とそれに続く幅広い協議に基づき、人権理事会の議長は各欠員に適任の候補者を選定したリストを作成する。このリストは遅くとも理事会の会合が始まる2週間前までに、理事国とオブザーバー国に対して提出される。また、議長は、推薦した候補者が承認されるよう、必要に応じてさらに協議をすることもできる。任命手続は、議長の候補者リストを理事会が承認することによって完了する。

> *i* 協議グループと議長が作成した候補者リストはいずれも理事会のエクストラネットの特別手続のセクションで閲覧可能である。

◆ 特別手続の年次会合と特別手続調整委員会

1994年以来、**ウィーン世界人権会議**のフォローアップとして、ジュネーブで特別手続任務保持者による年次会合が開催されてきた。世界会議で採択された**ウィーン宣言及び行動計画**は、特別手続の制度を維持、強化していくことの重要性を強調し、また、定期的な会合を通じて各特別手続の作業を調和させ、合理化できるようにすべきであると明記した。

第Ⅵ章　特別手続

　任務保持者にとって、年次会合は、締約国や人権理事会事務局、人権条約機構、NGOおよびその他の市民社会のアクター、国連事務局や諸機関、諸計画の代表と会い、自身の国別訪問や提言のフォローアップ等の問題について意見交換をする機会でもある。

> **特別手続の年次会合**に関する最近の情報については、OHCHRのウェブサイトを参照のこと。

　特別手続調整委員会は、2005年に行われた特別手続の任務保持者による第12回年次会合で設立された。調整委員会は、任務保持者間の連携を促進し、特別手続とOHCHRその他様々な国連人権組織、市民社会のアクターとの間の橋渡し役として活動している。

　調整委員会は6人の任務保持者により構成される。任期はそれぞれ1年であり、その中の一人が議長となる[59]。委員の選出は年次会合において行われ、地域的なバランスやジェンダーバランス、分野別、国別の特別手続任務保持者のバランスも考慮される。OHCHRの特別手続部が調整委員会の活動を支援する。

> **特別手続調整委員会**に関する最近の情報については、OHCHRのウェブサイトを参照のこと。

◆ 特別手続はどのように機能しているか？

　特別手続の任務保持者は、その任務を遂行するため、多くの手段を行使することができる。例えば、

- 通報
- 国別訪問の実施
- 報告の発表
- テーマ別研究の準備
- プレスリリースの発行

---

[59] 前任の議長は、職権で翌年度も調整委員会に留任する。

任務保持者は、「**特別手続マニュアル**」と「**特別手続の任務保持者のための行動綱領**」に基づき、任務を遂行する。

A. 特別手続の行動綱領とマニュアル

特別手続任務保持者のための行動綱領

特別手続の任務保持者のための行動綱領は、2007年の人権理事会で採択された。その目的は、任務遂行時に特別手続の任務保持者が遵守しなければならない倫理的行動基準と専門家としての行動基準を定めることによって、特別手続の制度をより効果的なものにすることである。

特別手続マニュアル

特別手続マニュアルは、任務保持者に対してその任務遂行の指針を示すために任務保持者が作成したものである。これはまた、その他のあらゆる関係者が任務保持者の任務についてより深く理解できるようにすることも目的としている。マニュアルでは適切な実例が示されており、任務保持者による人権の促進、保護を支援している。

マニュアルは、もともと1999年に開催された特別手続任務保持者の第6回年次会合で採択された。それ以来、国連人権機構の構造の変化や任務に関する新たな進展、任務保持者の任務遂行手段の進歩を取り込んで修正を重ねてきた。マニュアルの最新版には、政府、NGO、その他の関係者の意見も取り込まれている。マニュアルは定期的に見直され、行動綱領の条項に沿った形で運用されている。

> **特別手続マニュアル**に関するさらなる情報は、特別手続のエクストラネットを参照のこと。

B. 通報

特別手続の任務保持者が行う主な活動の一つは、関連する信頼性のある情報源（主に市民社会のアクター）から得た情報に基づいて個別の事案に対応することである。

介入は一般に、政府に対して書簡（申立書；letter of allegation）を送ることを含み、その書簡では、申立てに関する情報および申立てに対する回答を要請し、必要に応じて、政府に予防的措置または調査措置を要請する（緊急要請）。これらの介入は「**通報（communications）**」と呼ばれる。

2007年の通報

2007年には合計で1003の通報が送付された。
49％は共同で出された通報である。
通報では2294件の個別の事案が扱われており、
13％が女性に関するものである。
政府はこれらの通報のうち、52％に回答した。
全部で128か国が通報を受け取った。

緊急要請は、申立てがあった違反行為が、生命の喪失若しくは生命に対する危機的な状況、または被害者に対する差し迫った、若しくは現在進行中の重大な性質の損害をもたらすという観点から時間的に緊急を要する場合に送付される。**申立書**は、緊急要請の手続が適用されていない場合に、当該人権侵害行為に関する情報を伝達し、その詳細を明らかにするよう要請を行うために送付される。

任務保持者はある事案が複数の任務の範疇に該当する場合には共同で通報を送付することができる。政府に連絡するか否かの決定は、特別手続の任務保持者の裁量に委ねられており、行動綱領の中で規定された基準と同様、任務保持者が定めた基準による。任務保持者はまた、包括的かつ時機を得た方法で、その任務に関連する人権状況に関わる国家によって提供された情報を考慮に入れることも要請される。

任務保持者は、その情報収集活動において、次の通り行動しなければならない。

- 自由裁量の原則、透明性、不偏性、公平性に従う。
- 証言の情報源を明らかにすることによって関係する個人に危害を及ぼす可能性がある場合には証言の情報源の秘匿を保つ。
- 任務保持者が執筆するよう求められる報告および結論の非司法的性格にふさわしい証拠基準に基づいた客観的でかつ信頼できる事実に依拠する。
- 関係国の代表に対して、任務保持者が行った評価に対してコメントする機会と、

当該国家に対してなされた申立てに回答する機会を与える。国家の書面による回答は、要約されて任務保持者の報告に添付される。

C. 国別訪問

国別または現地訪問（または事実調査団）は、特別手続の任務保持者に付与された重要な手段である。任務保持者は一般的には訪問を求める書簡を政府に送付する。当該国家が訪問に同意すれば、招待が与えられる。一部の国家は**継続招待**を表明しており、これは特別手続の任務保持者を原則的に受け入れる体制が整っているということを示している。国別訪問は、特別手続任務保持者の行動綱領および特別手続[60]による**事実調査団のための取決め事項（TOR）**に基づいて行われる。

> **2008年9月までで、60か国以上が継続招待を表明している。**特別手続の**継続招待**表明国の最新の一覧についてはOHCHRのウェブサイトを参照のこと。

任務保持者は、それぞれの任務の下で行われる国別訪問の際に、当該国家の全般的な人権状況、および／または、特定の制度的、法的、司法的および行政的状況の評価を行う。これらの訪問の間に、任務保持者は政府高官や市民社会の代表、人権侵害の被害者、当該国の国連職員、学者、外交関係者やメディア関係者との会合を持つ。

調査結果を基に、任務保持者は公開報告に提言を登載する。これらの報告は人権理事会に提出される。一部の任務保持者は国別訪問の終わりに記者会見を開いたり、仮調査結果を発表したりする。国別訪問の成功は、任務保持者の活動を支援する、事前、訪問中および事後の、政府の関与および市民社会のアクターの参加により、大きく増幅される。

D. 人権理事会への報告および貢献

特別手続の任務保持者は、人権理事会からの要請により、前年の活動をまと

---

[60] 国別訪問に関する取決め事項は、第4回年次会合（1997年）の特別手続（E/CN. 4. 1998/45）において採択され、国別訪問の際、政府の指針となる。

めた年次報告を提出する。場合によっては、理事会が任務保持者に対して、理事会が関心をもつ特定のテーマやトピックについて報告を求める場合もある。報告は公表され、その委託分野のフォローアップや働きかけを行う際の信頼できる手段となる。

年次報告には任務に関して、作業手法、理論的分析、一般的傾向および新たな展開についての情報を含み、一般的な提言を含む場合もある。報告にはまた、政府に対する通報の要約や任務保持者が受け取った政府からの回答も含まれる。国別訪問に関する報告は通常、年次報告の付録として記載される。一部のメカニズムは、毎年9月から12月にニューヨークで開かれる国連総会への報告が要求される。

特別手続の任務保持者はまた、人権理事会のほかの活動分野に関しても、その専門的知識を提供する。

> 理事会に対する特別手続の報告は、OHCHRのウェブサイトを参照のこと。

世界的な食糧危機に関する特別会期

2008年5月に、**食糧への権利に関する特別報告者**であるオリバー・デ・シュッター氏は、人権理事会に対して世界的な食糧危機に関する特別会期の開催を要求した。これに対する対応として、理事会は2008年5月22日に「特に食糧価格の高騰によって引き起こされた、世界的な食糧危機の悪化が、食糧への権利の実現に与える負の影響」と題する特別会期を開催した。食糧への権利に関する特別報告者は特別会期に参加し、積極的に活動した。これはテーマ別の問題に関して開かれた最初の特別会期である。

E. テーマ別研究

特別手続の任務保持者はテーマ別研究も行う。この研究は人権規範・人権基準の規範的内容および実施に関して、政府や市民社会の指針となる有用な手段である。任務保持者はまた、テーマ別の人権問題に関する専門家の会合を主催し、参加する。

専門家研修会―拷問からの女性の保護の強化

2007年9月、OHCHRは、**拷問および残虐な、非人道的なまたは品位を傷つける取扱い若しくは刑罰に関する特別報告者**を代表して、「拷問からの女性の保護の強化」と題した専門家研修会を開催した。この研修会は、女性に対する拷問に関する国際的な枠組みをより体系的に適用することに貢献し、また女性に対する保護を強化する観点から開催された。異なる地域、そして、幅広い領域の政府機関・非政府機関(地域および国連の反拷問メカニズムを含む)から、専門家25人が議論に参加した。

F. プレスリリース

特別手続は、個々に、または集合的に、特定の状況や国家が尊重すべき国際的な規範を強調するプレスリリースを発行することができる。

> 特別手続によって発表されたすべてのプレスリリース、声明およびその他のメッセージはOHCHRのウェブサイト上の特別手続のセクションから閲覧可能である。

◆ 特別手続にアクセスし、活用するには

「市民社会一般や特に国際的、地域的、または国内で活動するNGOは、特別手続の制度に対して貴重な支援をしている。NGOは情報や分析を提供し、特別手続による事実認定を広く普及させる手助けをし、またフォローアップ活動を支援し、それによって、特別手続下で問題となった事項の状況改善のための人権教育に関連する国家政策や計画の作成、実施に寄与している。こ

うした団体の代表との会合は、ジュネーブやニューヨークでの活動、現地での活動、より一般的な活動を含む特別手続の活動のあらゆる場面において適切である。よって、任務保持者は、こうしたNGOや研究機関からの会議・討論・セミナー・地域の協議会などの活動への参加の招待に対して、注意深くかつ時機に適した考慮をすることが適切である。OHCHRは、一般に、任務保持者の関連する活動について、市民社会と関係しているため、情報を入手し、把握しているべきである。」

人権理事会の特別手続の実施に関する手引き（第133パラグラフ）より

特別手続は、長年にわたって、様々な市民社会のアクターと関係を構築し、相互に協力してきた。特別手続は、実際の被害者や潜在的な被害者に対して保護を与えることで市民社会のアクターを支援し、また、その権限の強化にも貢献してきた。それぞれの手続が種々の形の参加と協働を発展させた。

人権の保護と人権侵害の予防に関する特別手続制度の有効性は、市民社会を含む、他の人権のアクターの積極的な関与に同様に左右される。国際的に、地域的に、あるいは国内で活動するNGOや、その他の市民社会のアクターは特別手続制度の必須の参加者である。さらに、市民社会は長い間、人権基準の設定と、新しい手続の創設の働きかけ最前線にあったのである。

特別手続に関与している市民社会のアクターのカテゴリーは以下の通りである。

- 人権組織（NGO、団体、被害者団体）
- 人権擁護者
- 人権に関連した課題別組織
- 連合体とネットワーク（女性の権利、子どもの権利、マイノリティの権利、環境権）
- 障害者とその代表組織
- コミュニティに基礎を置く団体（先住民族、マイノリティ）
- 信仰に基礎を置く団体（教会、宗教団体）
- 組合（労働組合と、ジャーナリスト協会、弁護士会、裁判官協会、学生自治会などの職能団体）
- 社会運動（平和運動、学生運動、民主化運動）
- 人権の享受に直接的に貢献する専門家（人道支援活動従事者、弁護士、医者、医療従事者）
- 被害者親族

- 人権の促進を目的とした活動を行う公的機関（学校、大学、研究機関）

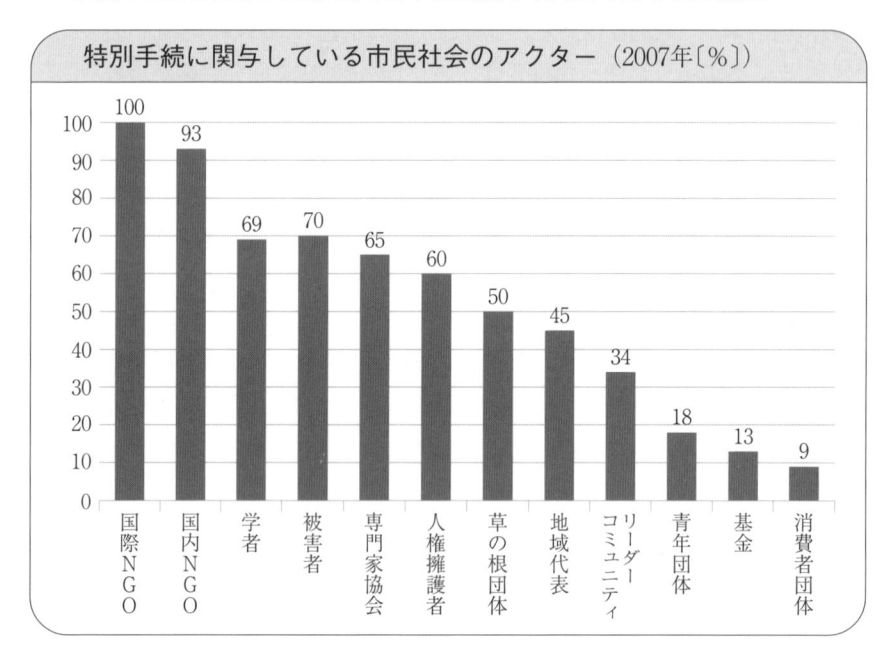

特別手続に関与している市民社会のアクター（2007年〔%〕）

アクター	%
国際NGO	100
国内NGO	93
学者	69
被害者	70
専門家協会	65
人権擁護者	60
草の根団体	50
地域代表	45
リーダーコミュニティ	34
青年団体	18
基金	13
消費者団体	9

　市民社会のアクターは、個別に、または集団で特別手続にアクセスし、協働することができる。国連の条約機関と異なり、特別手続は、関連する文書や条約を批准していない国家に対してさえも活動することができる。また、特別手続にアクセスするために、国内での救済手段を尽くしている必要はない。それゆえ、特別手続は、現行の任務の範囲内にあれば、いかなる国家、また、いかなる人権問題に対しても利用することができる。

　市民社会のアクターは特別手続の活動に以下の方法で関わることができる。

- 人権侵害に関する個別の申立てを、関連する特別手続の任務保持者に対して提出する。
- 様々な特別手続の任務保持者に対して、国別訪問を支援し、その国の人権侵害状況に関する情報や分析を提供する。
- 人権侵害につながる可能性のある新たな法制度の導入に関する情報を特別手続に提供することで、人権侵害について、予防的な役割を演じる。
- 現地レベルで、または全国的な規模で、特別手続の勧告に関するフォローアップを行う。より広くは、市民社会は、特別手続の任務保持者の作業内容や調査結果を市民に広める手助けをすることができる。

特別手続と市民社会の間の必要不可欠な関係は、人権擁護者の状況に関する特別報告者の任務に現れている。

人権擁護者の状況に関する特別報告者

人権擁護者の状況に関する特別報告者とは誰か？
　人権擁護者の状況に関する特別報告者（旧人権擁護者の状況に関する事務総長特別代表）の手続は、人権委員会の**決議2000/61**によって、2000年に特別手続のメカニズムとして設立された。この手続は、世界中の人権擁護者の役割が、不可欠のものである一方で、しばしば不安定であるという認識の下に設立された。人権擁護者の「保護」は特別報告者にとって最優先事項である。というのも、人権擁護者の「保護」は、人権擁護者の保護のみならず、「人権を擁護する権利」の「保護」という意味合いも含むと理解されているからである。特別報告者の主要な役割は以下の通りである。
- 人権と基本的自由を促進し保護するために、あらゆる個人の状況および権利に関する情報を探し、入手し、検討し、応答し、個人または他者と協力して活動する。
- **普遍的に認められた人権および基本的自由を促進し保護する個人、集団および社会の機関の権利および責任に関する宣言**（一般的には「人権擁護者に関する宣言」として知られている）の促進と効果的な実施に関して、政府またはそれ以外の関心を有する団体との間の協力関係構築と対話を行う。
- 人権擁護者をより厚く保護するための効果的な戦略を勧告し、その勧告のフォローアップ（追跡調査）を行う。

人権擁護者とは何か？
　人権擁護者とは、個人で、または他の者と協力し、市民的、政治的、経済的、社会的および文化的権利を促進、保護、実現することに従事するあらゆる者のことである。人権擁護者は**世界人権宣言**に定義されている人権の普遍性を受け入れなければならない。人権擁護者は、一部の人権を否定する場合には、他の者のためのアドボカシーをしているからといって人権擁護を名乗ることはできない。

市民社会のアクターは人権擁護者なのか？
　世界の人権問題に取り組む、市民社会、NGO、機関、団体の一員として、国内的あるいは国際的に働くスタッフやボランティアは、人権擁護者ということができる。

人権擁護者に関する宣言とは何か？
　1998年12月、国連総会で採択された人権擁護者に関する宣言は、人権の「擁護」はそれ自体が権利であり、人権活動を行うあらゆる者は、人権擁護者であると定義

している。この宣言は、人権擁護者の活動に関する支援と保護を定めている。この宣言は新しい権利を創設しないものの、既存の権利について、人権擁護者の実践的な役割や状況において適用がしやすいように明確に規定している。

特別報告者の重要な役割は、世界のあらゆる地域における人権擁護者の状況に関する報告を行い、宣言に最大限従った形で、可能なあらゆる手段を用いてその保護を強化することである。

特別報告者と連絡をとる、あるいは人権擁護者に対する侵害について申立てを提出する方法は？

市民社会のアクターは以下の住所宛にで特別報告者と連絡をとることができる（連絡するときは、人権擁護者の手続に明確に言及するよう注意すること）。

人権擁護者の状況に関する特別報告者
国連人権高等弁務官事務所
住所：Palais des Nations, Avenue de la Paix CH-1211 Geneva 10
Eメール：人権侵害の申立ての提出先
urgent-action@ohchr.org
他の目的で任務保持者と連絡をとる場合の連絡先
defenders@ohchr.org
ファックス：+41 (0)22 917 90 06
電話：+41 (0)22 917 12 34

上記電話番号はスイスのジュネーブにある国連の交換台（スイッチボード）の番号である。発信者は、特別手続を扱うOHCHRの職員、とりわけ人権擁護者の状況に関する特別報告者の手続を支援している職員と話したい、と電話口で依頼するのがよい。

女性の人権擁護者

2002年、人権擁護者の状況に関する事務総長特別代表であったヒナ・ジラニ（Hina Jilani）氏は、3年間の国際キャンペーンの陣頭指揮を執り、女性の人権擁護者に関する世界会議—この会議には70か国以上からジェンダーの専門家と女性の権利擁護者が集結した—をスリランカで開催させた。

特別代表は在任中、女性の権利擁護者はある種の暴力や抑圧の被害に遭うリスクが高く、国家権力や社会のアクターによる偏見や排除、排撃の対象になりやすく、それは特に女性の権利[61]を擁護する活動に従事した場合に著しい、と一貫して繰り返し強調した。特別代表はまた、1,314人の擁護者に関わる、449件の女性の人権擁護

者に対する侵害に対処した。これらの通知のうち65件は、**女性に対する暴力に関する特別報告者と共同で、その原因結果を付して伝えられた。**

A. 特別手続の任務保持者に対する個別事案の提出

人権侵害について、信憑性があり信頼できる情報を持つ者は誰でも、人権侵害に関する情報を受領する権限を有する特別手続の任務保持者に対して、情報を提出することができる。特別手続に対する個別の申立ての提出は、個別事案への直接介入を求める方法の中で最も効果的なものの一つである。市民社会のアクターはしばしば人権侵害からの保護を求める個人と特別手続とを結ぶパイプ役として活動する。

情報のやり取りは、通常、任務保持者の人権理事会への報告が公にされるまでは内密にされる。ただし、任務保持者が通常のプロセスよりも早い段階で公式声明を発表すると決定した場合はこの限りではない。この報告には特定の事案に関してなされた通報と、それに対して政府から受け取った回答に関する情報が記載されている。申立てがあった事案の被害者については、子どもや特定の事件（例えば性暴力など）の被害者を除き、報告にその氏名が明記されることに留意されたい。

特別手続メカニズムの報告には公的な性質があるので、人権侵害の被害者を代表して活動する機関は、被害者の事案が特別手続メカニズムに送られており、その氏名が国家機関に伝えられ、特別手続の公式なレポートに氏名（あるいはイニシャル）が記載されるということを本人に知らせておかなくてはならない。ただし、事案を提出する際の被害者の事前許可は、常に必要という訳ではない（例えば、被害者が拘禁されている等の理由で接触できない場合など）。いくつかの任務の下では、人権侵害に関する情報を提出する際に用いる特別質問票が作成されている。

それぞれの特別手続によって、通報を提出する際の要件が異なる。ただし、通報を評価するため、少なくとも以下に述べる情報は通報の中に記載されていなければならない。

---

61 E/CN. 4/2002/106 の80～94項参照。

- 被害者を特定する情報
- 侵害の加害者を特定する情報
- 通報をしている個人または組織を特定する情報(この情報は内密の事項として扱われる。)
- 事件の日付および場所
- 侵害の状況についての詳細な記述

> 特別手続の中には、人権侵害を申し立てるための標準的な**質問票**をOHCHRのウェブサイトで入手できるものもある。

市民社会のアクターはまた、任務保持者に対して、当初の情報提出の対象となった問題がその後、改善に至ったか否かに関する**フォローアップ情報**を提出することができる。フォローアップ情報は、任務保持者にとって大変有用である。何人かの任務保持者は、通報手続で明らかにされた動向に基づいて、国別訪問の要請を行っている。

特別手続に提供される情報は、政治的な動機によるもの、または侮辱的なものであってはならないし、メディアの報告のみに依拠した情報であってもならない。

> 個別の事案/申立ては以下に提出することができる。

Eメール:urgent-action@ohchr.org
ファックス:+41 (0)22 917 90 06
住所:OHCHR-UNOG, 8-14 avenue de la Paix, CH-1211 Geneva 10, Switzerland.

通知を送付する際、Eメール若しくはファックスの件名または封筒に、どの特別手続のメカニズムに宛てた情報なのかを明記すること。
特別手続に対して申立てを行うときの情報の提出方法の詳細については、本ハンドブックの第Ⅷ章(人権侵害に関する申立ての提出)を参照するか、SPDInfo@ohchr.org 宛に連絡すること。

B. 国別訪問のための支援の提供

特別手続の任務保持者による国家別訪問は、特定国での人権状況を直接に視

察できるという点で、一次情報を得るために非常に重要である。国際ないし国内NGO、市民社会や草の根運動のメンバーはいくつかの段階で訪問団に貢献する重要な役割を果たす。

1．国別訪問の提案

市民社会のアクターは、任務保持者を招待するよう、また特別手続に対して継続招待を示すよう、当該国の政府に働きかけることができる。受け取った情報（個別の申立て／事案）の多寡に基づいて国別訪問の要請を行う任務保持者も存在するので、その国で起こっている問題を任務保持者に通報することにより訪問要請が決定される場合もある。**共同で国別訪問**を行う任務保持者もいる。

2．国別訪問が正式決定したとき

国別訪問が正式決定した（当該国が任務保持者の訪問要請を認め、その訪問日時についての合意があった）時点で、市民社会のアクターは、その訪問に向けて市民の意識喚起を図ることができる。

市民社会のアクターはまた、国別訪問の実施前に、任務保持者に関連する情報を提出し、その関心を喚起することができる。これにより、任務保持者は事前に国家機関に対して特定の問題提起を行うことができ、必要ならば公式な訪問日程に追加することが可能である（例えば、特定の拘禁施設や難民キャンプへの訪問を要請する、特定の中央および地方政府組織あるいは私人との会合を設定するなど）。

ブラジルのNGOとの国家レベルでの協力

ブラジルのNGOグループ（**Plataforma Dhesc**）は、特別手続をモデルにした人権の監視システムを立ち上げた。経済的、社会的、文化的問題に関する6つの重要な点—居住、教育、環境、食糧、保健衛生および仕事に関する権利—に取り組み、これらの問題に関して国家レベルでの報告を発表した。この報告は関連する特別手続の任務保持者に送付された。特定の問題をこれらの重要な点のいずれかに割り当てることにより、資源と専門知識を最大限活用しつつ重複を避け、特別手続に対してより効果的に貢献している。

3．国別訪問期間中

国別訪問の期間中、市民社会のアクターは、ファックス、郵便かEメールで任務保持者、若しくはジュネーブまたは現地のOHCHRスタッフに連絡を取ることによって、任務保持者に面会を申し込むことができる。

> 現地の事務所と事務職員の連絡先はOHCHRのウェブサイトで見ることができる。

4．国別訪問後

市民社会のアクターは、国別訪問で得られた結論や国別訪問を受けた勧告に対するフォローアップにおいて、下記のような重要な役割を果たすことができる：

- 自分たちが日常、活動している地域に勧告を広めること
- 特別手続の作業を公表し、一般の意識を喚起すること
- 国別訪問により始められた作業を継続するための行動計画と活動を発展させること
- 特別手続に関する勧告の実施のために政府と連携すること
- 任務保持者によるフォローアップ報告に対し情報を与えること
- 勧告を実施するためにとられた政府の行動を監視し、任務保持者に対して、勧告の実施に関する国家の進展について情報を提供し続けること

> **特別手続の勧告の実施に取り組むネットワークの発展**
>
> **現代的形態の人種主義、人種差別、外国人排斥および関連する不寛容に関する特別報告者**ドゥドゥ・ディエンが2005年に日本を訪問した後、反差別国際運動（IMADR）と85のマイノリティ人権団体は、同氏の報告に基づき、人種差別を撲滅するためにNGOネットワークを設立した。このネットワークは現地NGOにとって、日本における人種主義と人種差別に関する情報の共有のため、また国際メカニズムと関わりを持つための主要な手段となった。特別報告者は、このネットワークの設立はもちろん、国家機関、NGOと、人種主義・外国人排斥の影響を最も受けるコミュニティのメンバーとの間の建設的な対話も歓迎した。その中には、アイヌ（日本では2008年に正式に先住民族と認められた）、国内マイノリティ（部落民、沖縄

人)、日本の旧植民地の人々の子孫（朝鮮人と中国人）、その他のアジア、アフリカ、南米、中東諸国から新たに来た移民が含まれている。

C. 特別手続の任務保持者への情報提供

NGOは、特定国における特定の人権状況、または人権に関連する特定国の法および慣習に関する情報を、特別手続に提供することができる。また、任務保持者は、自らの権限に係る問題について明確な情報を要請し、NGOおよび研究機関、学術機関を含む他の市民社会のアクターと特別に協議することがある。

障害者の教育を受ける権利に関する報告が作成される際の、市民社会と教育を受ける権利に関する特別報告者との協力

2007年に、**教育を受ける権利に関する特別報告者**ベルノール・ムニョス・ヴィラロボス氏は、障害者が教育からの排除により最も影響を受ける集団の１つであることを考慮し、３度目の報告（A/HRC/4/29）を障害者の教育を受ける権利に割いた。

同報告は、障害者の教育を受ける権利に関する制度的および法的枠組みを綿密に分析するものであった。同報告は、また、教育を受ける権利の固有のかつ基本的な要素である「包摂教育」の含意を検討し、障害者の教育を受ける権利の完全な実現を脅かす主要な障害と課題に言及した。

同報告を作成する際、特別報告者は、障害者団体を含む、国内または地域の団体と協議をし、地方および地域の団体から直接の情報（調査、統計、展望を含む）を得た。この情報は、障害者の教育を受ける権利の完全な実現を阻止している課題と障害を特定し、勧告を作成するのに役立った。

OHCHRは、特別報告者と協力し、障害者の教育を受ける権利に関する２日間の専門家セミナーを主催し、そのセミナーでは、障害を持つ人々と、障害に関する問題に取り組んでいる人々が積極的な役割を担った。セミナーにおける市民社会代表の貢献は特別報告者の報告に反映され、そのことは、障害者、その代表組織、大学、政府機関その他の市民社会グループに広く知らしめられた。

📄 **人権並びに多国籍企業およびその他の企業の問題に関する事務総長特別代表の任務に対する学術機関の貢献**

世界中にある多くの学術機関は、**人権並びに多国籍企業およびその他の企業の問題に関する事務総長特別代表**の取組みに貢献している。この貢献は、特別代表が要請または同意し特定の題目に関する調査、特別代表が招集して行われる協議や専門家会合への参加、特別代表の任務の範囲内にある様々な問題に関する特別代表へのコメントや提案として具体化される。特別代表が受けたこれらの貢献は、**ビジネス＆人権リソースセンター**[62]のウェブサイトにて、入手することができる。

D. 特別手続の活動を唱導し、普及させ、フォローアップし、実施するための現地レベル、国レベルまたは地域レベルでの取組み

報告、勧告を含む、特別手続の任務保持者の継続する作業は、市民社会アクターの継続するアドボカシー活動に取り入れることができる価値ある資料を提供する。これには、以下のものが含まれる。

1．国内レベルで特別手続に関する勧告を実施する

特に国別訪問の後に行われる、特別手続の勧告を実施するための政府とのフォローアップ、アドボカシー活動によって、市民社会は人権を進展させる重要な役割を担うことができる。市民社会のアクターは、勧告の実施に関する政府の取組みを監視し、また、勧告が市民社会に対してなされた場合には、自ら勧告を実施しようとすることができる。

2．国内または現地基準の設定

特別手続の任務保持者により記述された国際基準、モデル立法、模範とすべき実践例は、市民社会のアクターにより、特定の問題についての意識喚起のため、国内若しくは現地の基準を改善する運動のため、または国内法を解釈するための基準として用いることができる。

市民社会のアクターは、基準設定の発展に向け、また特別手続を利用し、さらに特別手続に関わる能力を向上させるため、イベントや訓練プログラムを主催することもできる。そのような能力向上活動に、任務保持者はしばしば貢献

---

[62] OHCHR は、外部のウェブサイトの内容について責任を負わない。本頁でのリンク先登載は OHCHR がその内容に関与していることを意味するものではない。

する。

3．運用指針の発展のためのツール

特別手続の任務保持者の作業は、市民社会のアクターが内部の運用指針を発展させるために利用できる権利義務についての詳細な資料を提供する。

たとえば

- 教育の権利に関する特別報告者の作業は、教育機関に対し、価値のある指針を提供する。
- 拷問および残虐な、非人道的なまたは品位を傷つける取扱い若しくは刑罰に関する特別報告者の作業は、拘禁施設や刑務所が内部の訓練ないし運用基準を作成する際に用いることができる。
- 女性に対する暴力、その原因と結果に関する特別報告者の作業は、女性に対する暴力の有益な定義、原因、それらを除去するための模範とすべき実践例を提供する。これらの指針、定義、手続は、学校、刑務所、女性シェルター、女性に安全な環境を確立しようとしているその他の機関で用いることができる。

E．特別手続に関する任務保持者との面会

特別手続の任務保持者は、ジュネーブ、ニューヨーク（総会に参加している場合）における協議の一環として、または国別訪問の期間内に、市民社会のアクターとの面会に応じることができる。これらの面会は、任務保持者と市民社会との間に継続したパートナーシップを確立するのに役立つ点で特に重要である。これらの面会を調整するために、OHCHRにおいて任務保持者にサービスを提供する職員には年間を通して連絡をとれるようになっている。

◆ OHCHR のリソース

◆ 特別手続のウェブページ

市民社会のアクターは、特別手続に関する情報やその情報の更新のために、定期的にOHCHRのウェブサイト上の特別手続セクションにアクセスするとよい。このウェブページは既に英語、フランス語、ロシア語およびスペイン語で提供されており、現在アラビア語と中国語のページを構築中である。

◆ 人権理事会のウェブページ

市民社会のアクターは、人権理事会の会期への参加に関する情報やその更新情報、または特別手続の報告の発表に関する情報について、定期的にOHCHRのウェブサイト上の人権理事会セクションにアクセスするとよい。

◆ エクストラネット

特別手続のシステムに関する様々な情報は以下でも入手することができる。

- 人権理事会のエクストラネット上の特別手続セクション
- 特別手続のエクストラネット

◆ 特別手続の広報

OHCHRは、特別手続の活動に関する季刊誌を発行している。この雑誌はOHCHRの特別手続のウェブページ上で入手することができる。

> **人権理事会のエクストラネット**にログインするにはパスワードが必要である。このパスワードを取得するためには、オンライン上にある入力フォームに情報を入力する必要がある。この一連の入力を完了した場合にのみ、電子メールでユーザーネームとパスワードを取得することができる。
>
> パスワードが必要な**特別手続のエクストラネットにアクセス**するには、オンライン上の入力フォームに情報を入力しなければならない。

◆ 特別手続の年次事実・統計集

OHCHRは毎年、特別手続の事実や数値に関する資料を発行している。これには通報、国別訪問、報告、プレスリリース、調整およびテーマ別イベントなどに関する情報や統計が登載されている。この資料はOHCHRのウェブサイト上の特別手続セクションから入手することができる。

◆ 特別手続の年次勧告集

OHCHR は特別手続の勧告を国別にまとめたものを毎年編纂している。この資料は、OHCHR のウェブサイト上の特別手続セクションで入手することができる。

◆ 世界人権インデックス

世界人権インデックスは、主として国連の**人権条約機関**や人権理事会の**特別手続**によって出された人権に関する文書へのアクセスの促進を図る目的で作られたオンラインの情報ツールである。この新たなウェブサイト（このサイトには OHCHR のウェブサイトを経由してアクセスできる）は、2000年以降に条約機関から出されたすべての報告と、2006年以降に採択された特定国に関する人権理事会の特別手続による結論と勧告のすべてを登載している。このインデックスには、人権理事会の普遍的定期審査メカニズムにおける勧告も、近いうちに登載される予定である。

◆ 追　補

2008年9月までに、38件の特別手続が実施された（うち30件はテーマ別手続で、残りの8件は国別手続である）。

> 特別手続のメカニズムに関する最新のリストを手に入れたい場合は、OHCHR のウェブサイト上の特別手続セクションから入手することができる。

A. テーマ別任務の一覧

名称／任務	任務の委託		任務の延長	
	年	決定決議	年	決定決議
適切な水準の生活を営む権利の構成要素としての適切な居住に関する特別報告者	2000	人権委員会決議 2000/9	2007	国連人権理事会決議6/27（3年間）
アフリカに起源をもつ人々に関する専門家作業部会	2002	人権委員会決議 2002/68	2008	国連人権理事会決議9/14（3年間）
恣意的拘禁に関する作業部会	1991	人権委員会決議 1991/42	2007	国連人権理事会決議6/4（3年間）
子どもの売買、買春およびポルノグラフィーに関する特別報告者	1990	人権委員会決議 1990/68	2008	国連人権理事会決議7/13（3年間）
教育を受ける権利に関する特別報告者	1998	人権委員会決議 1998/33	2008	国連人権理事会決議8/4（3年間）
強制失踪または非自発的失踪に関する作業部会	1980	人権委員会決議 20（XXXVI）	2007	国連人権理事会決議7/12（3年間）
超法規的、略式または恣意的処刑に関する特別報告者	1982	人権委員会決議 1982/35	2008	国連人権理事会決議8/3（3年間）
人権および極度の貧困に関する独立専門家	1998	人権委員会決議 1982/25	2008	国連人権理事会決議8/11（3年間）
食糧への権利に関する特別報告者	2000	人権委員会決議 2000/10	2007	国連人権理事会決議6/2（3年間）
意見および表現の自由に対する権利の促進および保護に関する特別報告者	1993	人権委員会決議 1993/45	2008	国連人権理事会決議7/36（3年間）

第Ⅵ章　特別手続

名称／任務	任務の委託		任務の延長	
	年	決定決議	年	決定決議
宗教または信条の自由に関する特別報告者	1986	人権委員会決議1986/20	2007	国連人権理事会決議6/37（3年間）
身体的・精神的な健康についての達成可能な最高水準を享受する権利に関する特別報告者	2002	人権委員会決議2002/31	2007	国連人権理事会決議6/29（3年間）
人権擁護者の状況に関する特別報告者（旧・事務総長特別代表）	2000	人権委員会決議2000/61	2008	国連人権理事会決議7/8（3年間）
裁判官および法律家の独立に関する特別報告者	1994	人権委員会決議1994/41	2008	国連人権理事会決議8/6（3年間）
先住民族の人権および基本的自由の状況に関する特別報告者	2001	人権委員会決議2001/57	2007	国連人権理事会決議6/12（3年間）
国内避難民の人権および基本的自由に関する事務総長特別代表	2004	人権委員会決議2004/55	2007	国連人権理事会決議6/32（3年間）
人権を侵害しおよび人民の自決権の行使を阻害する手段としての傭兵の使用に関する作業部会	2005	人権委員会決議2005/2	2008	国連人権理事会決議7/21（3年間）
移民の人権に関する特別報告者	1999	人権委員会決議1999/44	2008	国連人権理事会決議8/10（3年間）
マイノリティ問題に関する独立専門家	2005	人権委員会決議2005/79	2008	国連人権理事会決議7/6（3年間）
現代的形態の人種主義、人種差別、外国人排斥および関連する不寛容に関する特別報告者	1993	人権委員会決議1993/20	2008	国連人権理事会決議7/34
現代的形態の奴隷制（その原因と結果を含む）に関する特別報告者	2007	国連人権理事会決議6/14		

名称／任務	任務の委託		任務の延長	
	年	決定決議	年	決定決議
人権および国際的連帯に関する独立専門家	2005	人権委員会決議2005/55	2008	国連人権理事会決議7/5（3年間）
国家の対外債務と国際的な財政上の義務が、人権、とりわけ経済的、社会的および文化的権利の享受に及ぼす影響に関する独立専門家	2000	人権委員会決議2000/82	2008	国連人権理事会決議7/4（3年間）
安全な飲料水と衛生へのアクセスに関する人権義務の問題に関する独立専門家	2008	国連人権理事会決議7/22		
テロリズム対策における人権の促進および保護に関する特別報告者	2005	人権委員会決議2005/80	2007	国連人権理事会決議6/28（3年間）
拷問および残虐な、非人道的なまたは品位を傷つける取扱い若しくは刑罰に関する特別報告者	1985	人権委員会決議1985/33	2008	国連人権理事会決議8/8（3年間）
有害で危険な生産物および廃棄物の不正な運搬および廃棄が人権の享受に及ぼす影響に関する特別報告者	1995	人権委員会決議1995/81	2008	国連人権理事会決議9/1（3年間）
人身売買、特に、女性および子どもの売買に関する特別報告者	2004	人権委員会決議2004/110	2008	国連人権理事会決議8/12（3年間）
人権並びに多国籍企業およびその他の企業の問題に関する事務総長特別代表	2005	人権委員会決議2005/69	2008	国連人権理事会決議8/7（3年間）
女性に対する暴力、その原因と結果に関する特別報告者	1994	人権委員会決議1994/45	2008	国連人権理事会決議7/24（3年間）

B. 国別任務の一覧

名称／任務	任務の委託		任務の延長	
	年	決定決議	年	決定決議
ブルンジの人権状況に関する独立専門家	2004	人権委員会決議2004/82（委託期間不特定）	2008	国連人権理事会決議9/19（委託期間不特定）
カンボジアの人権に関する事務総長特別代表	1993	人権委員会決議1993/6	2008	国連人権理事会決議9/15（1年間）
朝鮮民主主義人民共和国の人権状況に関する特別報告者	2004	人権委員会決議2004/13	2008	国連人権理事会決議7/15（1年間）
ハイチの人権状況に関する事務総長任命の独立専門家	1995	人権委員会決議1995/70	2008	国連人権理事会理事声明A/HCR/PRST/9/1（2年間）
ミャンマーの人権状況に関する特別報告者	1992	決議1992/58	2008	国連人権理事会決議7/32（1年間）
1967年以降のパレスチナ被占領地域の人権状況に関する特別報告者	1993	人権委員会決議1993/2 A（"イスラエルの占領終了まで"）		
ソマリアの人権状況に関する独立専門家	1993	人権委員会決議1993/86	2008	国連人権理事会決議7/35（1年間）
スーダンの人権状況に関する特別報告者	2005	人権委員会決議2005/82	2008	国連人権理事会決議9/17（9か月間）

第Ⅶ章　普遍的定期審査

普遍的定期審査（UPR）の概論

◆ UPR とは何か？

普遍的定期審査（UPR）とは、国連総会**決議60/251**によって制定された新たな人権メカニズムである。UPR を通じて、**国連人権理事会**は192の国連加盟国の人権に対する義務とコミットメントの実施状況を定期的に審査する。UPR は協調メカニズムであり、**人権条約機関**の活動との重複ではなく、その補完を目的としている。

◆ UPR はどう機能するのか？

UPR のサイクルと手続は、国連人権理事会**決議5/1**で決められている。UPR は4年サイクルで実施され、次のようないくつかの段階からなる。

- 審査の基礎となる情報の準備。たとえば、①審査対象国が準備する情報（政府報告）、②**国連人権高等弁務官事務所**（OHCHR）が準備する審査対象国に関する国連公文書を編集したもの、③同じく OHCHR が準備する他の利害関係者（市民社会のアクターを含む）から提供された情報の要約などが含まれる。
- 審査自体はジュネーブで行われ、国連人権理事会の理事国47か国から構成される UPR の作業部会が審査を担当する。審査は、審査対象国と、理事会の理事国とオブザーバーとの相互対話形式をとる。作業部会は毎年3回開催され、期間は各回とも2週間である。1回の会期で16か国が審査され、年間では計48か国が審査される。
- 理事国の中から選ばれた3か国の報告国から成るグループ（トロイカ）が各国の審査を主導する。
- 各審査の最後に作業部会が結果文書を採択する。
- 通常は次回の通常会期において、理事会が UPR の結果文書を審議、採択する。
- 結果文書に記載される結論と勧告の実施に関する、審査対象国や市民社会を含む他の利害関係者によるフォローアップ。

◆ UPR に関わるには

国連総会決議5/1は、すべての利害関係者に審査過程に参加する機会を与えている。そのため、地域的な政府間機関や国内人権機関（NHRI）に加え、非政府組織（NGO）、人権擁護者、学術機関や研究機関を含む市民社会の代表が関連する審査段階に参加することが予定されている。

UPR の作業部会と人権理事会の会期に参加するためには、経済社会理事会（ECOSOC）の**協議資格**が必要である。しかしながら、市民社会のアクターも、特に以下の方法によって UPR の活動に貢献することができる。

- 自国の人権状況に関する政府報告の準備に際して政府が開催する協議への参加
- OHCHR の作成する利害関係者が提出した情報の要約に取り入れてもらえるように、審査対象国の人権状況に関する報告を準備すること。OHCHR の作成した要約は、作業部会での審査時に考慮に入れられる。
- 審査結果の実施に関するフォローアップに貢献すること

作業部会の会合は OHCHR の**ウェブキャスト**で生中継される。また、UPR 関連の幅広い文書や情報に関しては **OHCHR のウェブサイト**の UPR セクションと国連人権理事会の**エクストラネット**上の UPR のページで入手できる。

普遍的定期審査に関連する主要な連絡先

国連人権理事会局
Human Rights Council Branch
Office of the United Nations High Commissioner for Human Rights
Palais des Nations
8-14, avenue de la Paix
CH-1211 Geneva 10 - Switzerland
電話：+41 (0)22 917 92 69
ファックス：+41 (0)22 917 90 11

市民社会ユニット
Civil Society Unit
Office of the United Nations High Commissioner for Human Rights
Palais des Nations
8-14, avenue de la Paix
CH-1211 Geneva 10 - Switzerland
電話：+41 (0)22 917 90 00
E メール：civilsocietyunit@ohchr.org

◆ UPRとは何か？

◆ UPRの創設

普遍的定期審査（UPR）は、2006年3月15日に採択された国連総会**決議60/251**に基づいて創設され、2007年6月18日の国連**人権理事会決議5/1**によって精緻化された新たな人権メカニズムである。UPRによって、国連人権理事会は192の国連加盟国それぞれの人権に対する義務とコミットメントの実施状況を定期的に審査する。UPRは協調メカニズムであり、審査対象国と、理事会の理事国とオブザーバーとの間の相互対話に基づいている。その活動は**人権条約機関**との重複ではなくその補完を目的としている。

4年サイクルで実施されるUPRは、複数の段階から構成されており、これには審査の基礎となる文書の準備、審査そのもの、審査の結論と勧告へのフォローアップが含まれる。地域的な政府間機関や国内人権機関（NHRI）に加え、非政府組織（NGO）、人権擁護者、学術機関や研究機関を含む市民社会の代表が関連する審査に参加することが予定されている。

最初のUPRサイクルの終わりに、国連人権理事会は、得られた模範とすべき実践例や教訓に経験に基づき、審査の方法やサイクルを再検討する可能性がある。

◆ 普遍的定期審査を実施する上での原則と目的

審査の様々な段階を通じて、UPRの指針となる多くの原則がある。すなわち、UPRは以下のようなものでなければならない。

- すべての人権の普遍性、相互依存性、不可分性、相互関連性を促進すること
- 信頼できる客観的情報と相互対話に基づく協調メカニズムであること
- すべての国家を含め、かつ平等に扱うこと
- 政府間の手続であり、国連加盟国によって運営され、行動志向的であること
- 審査対象国が十分に関与すること
- 他の人権メカニズムと重複せず、あくまでそれらを補完するものであり、したがって新たな価値を付加すること
- 客観的、透明、非恣意的、建設的、非対立的、非政治的な方法により運営されること

- 関係国や理事会の議事にとって審査が過度の負担とならないこと
- 時間をかけすぎないこと（常に現実的であるべきであり、過度の時間，人的資源，資金を費やさないこと）
- 国連人権理事会の緊急を要する人権状況に対応する能力を圧迫しないようにすること
- ジェンダーの視点を十分に取り込むこと
- それぞれの国家の発展段階と特性を考慮すること
- 国連総会決議60/251と経済社会理事会（ECOSOC）**決議1996/31**はもちろん、国連人権理事会の関連する決定に従い、非政府組織（NGO）を含むすべての利害関係者の参加を確保すること

UPR の目的は以下の通りである。

- 現場における人権状況の改善
- 国家の人権に対する義務とコミットメントの履行、その進展と直面している問題に対する評価
- 対象国と協議をし、合意を得た上での当該国の能力向上と技術支援の提供
- 国家や他の利害関係者との模範とすべき実践例の共有
- 人権の促進と保護についての協力の支援
- 国連人権理事会、他の人権条約機関と**国連人権高等弁務官事務所（OHCHR）**への全面的な協力や関与の促進

UPR 任意信託基金と**資金・技術支援任意拠出基金**[63]という２つの資金メカニズムが設立されている。各基金の目的は、それぞれ UPR メカニズムへの発展途上国（特に後発発展途上国）の参加促進と、各発展途上国が行う国レベルでのフォローアップの支援である。

◆ UPR はどう機能するのか

A. 審査サイクル、審査順序、審査基準

サイクル

UPR は４年サイクルで実施される。2007年９月の第６回会期において、国連人権理事会は最初のサイクルにおけるすべての国連加盟国の審査**日程表**を採択した。

---

[63] 国連人権理事会決議６/17参照。

> 最初のサイクル（2008-2011）における審査対象国の順序はOHCHRのウェブサイトから閲覧することができる。

審査順序

国家が審査を受ける順序は、普遍性と平等取扱いの原則に基づいて決定される。決議5/1においても、以下の通り、審査順序を決定するための規定が定められている。

- 理事会のすべての理事国は、理事国である期間に審査の対象となる
- 理事会の当初からの理事国、特に任期1年または2年で選出された理事国は優先的に審査されるべきである
- 理事会の理事国とオブザーバー国の双方を同時に審査対象とするべきである
- 審査対象国を選択する際には、地理的に公平な配分が重視されるべきである

審査基準

それぞれの国家は以下の基準によって審査される。

- **国際連合憲章**
- **世界人権宣言**
- 審査対象国が締約国となっている人権条約
- 審査対象国の自発的誓約とコミットメント（関連する場合は、理事国選挙の立候補表明時に提出されたものを含む）
- 適用可能な国際人道法

B. 審査手続

1. 文書

審査に必要な情報の準備は、審査手続の予備的段階にあたる。審査は、下記の3種類の文書に含まれる情報に基づいて行われる。

- 審査対象国が準備する情報
- OHCHRが準備する国連公文書の編集版
- 利害関係者から提供された情報の要約（OHCHRが作成）

これら3種類の文書は、審査対象国の人権状況に関して異なる観点から情報を提供しており、お互いが補完し合う内容になっている。これらは審査が始ま

る少なくとも 6 週間前には準備されるべきであり、OHCHR のウェブサイトの **UPR セクション**で公表される。

(a) 審査対象国の提供する情報（政府報告）

審査対象国は、審査に向けて準備した情報を口頭または書面で提供する。これは「政府報告」という形をとっても構わない。書面で提供する場合は20頁を超えてはならない。**審査対象国は、市民社会を含めたすべての利害関係者との広範な全国規模での協議を通して、情報を準備するよう奨励される。**

(b) 国連公文書の編集版（OHCHR が作成）

OHCHR は、人権条約機関の報告、特別手続とその他の関連する国連公文書に含まれている情報を10頁以内で要約にして、作成する。

(c) 利害関係者から提供された情報の要約（OHCHR が作成）

OHCHR は同じく10頁以内で、他の UPR の利害関係者（**NHRI、NGO と他の市民社会のアクターを含む。**）から提出された情報の要約を作成する。利害関係者の要約は審査時に考慮に入れられる。

審査に向けた情報の作成のための一般的ガイドライン

決定 6/102において、国連人権理事会は UPR における情報の準備のための一般的ガイドラインを定めた。**本ガイドラインは、国家や他の利害関係者のほか、OHCHR に対しても、自らの責任で文書を作成する際に適用され、また審査に向けて提出する情報は以下のものを含まなければならない旨を規定している。**

- 提供された情報の作成のためにとられた方法と広範な協議手続の説明
- 憲法、法律、政策、国内判例、人権基盤（たとえば NHRI）や「審査基準」（上記参照）に定められている国際義務の範囲を含む、国家における人権の促進と保護のための背景と枠組み（特に、規範と制度）
- 国内における人権の促進と保護に関する情報。例えば、「審査基準」、国内法と自主的なコミットメントに定められている国際的な人権に関する義務の履行、NHRI の活動、人権意識の一般世論への注意喚起、人権メカニズムとの協力など
- 成果、模範とすべき実践例、課題と制約の明記

各国は以下の情報も確認・提供する。

- 課題や制約を克服し、現場の人権状況を改善するための主要な国家の優先事項、イニシアチブと取組み
- 能力向上に関する期待と必要な場合は技術支援の要請
- その他関係すると考えられる一切の情報
- 後の審査においては、前回の審査に対するフォローアップ

２．UPR の作業部会

国家に対する実際の審査は、UPR の作業部会にて行われる。本部会は国連人権理事会の理事長を議長として、47の理事国によって構成される。会期は毎年３回、それぞれ２週間にわたり開かれ、一度の会期で16か国（合計で毎年48か国）が審査される。初回の作業部会は、2008年４月に開催された。

審査は、審査対象国と、国連人権理事会の理事国とオブザーバー国との間での相互対話形式で３時間行われる。この対話のうち２時間を使って、理事国とオブザーバー国は審査対象国に対して質問をし、勧告を提案する。これに対し、審査対象国は、持ち時間１時間で審査に向けて準備してきた情報を作業部会に対して提示し、相互対話の前と途中で理事国とオブザーバー国から示された質問と勧告に応え、審査の最後に最終コメントを提示する[64]。

ECOSOC の協議資格を持つ NGO も UPR 作業部会の会合に参加できるが、相互対話に加わることはできない。

NGO のための情報を含む、作業部会の会合に関する情報は定期的に更新されており、OHCHR のウェブサイトの UPR セクションで入手することができる。

ECOSOC の協議資格に関する詳しい情報は、国連経済社会事務局のウェブサイトで入手することができる。

トロイカ

３か国の報告国のグループ（「トロイカ」）が審査を主導する。それぞれの審

64　「普遍的定期審査の方法と実務」（A/HCR/PRST/8/1）参照。

査ごとに異なるトロイカが結成され、トロイカの構成国は、国連人権理事会の理事国の中から抽選で選出される（異なる国連地域グループから選出される）[65]。OHCHR はトロイカの構成国に対し、任務の遂行上必要な支援を行う。

各国には、審査の開始に先立って、審査対象国について書面で質問／争点を提出する機会がある[66]。トロイカはこれらの質問／争点を受け付け、かつトロイカが必要と決定した場合には、それを集約する責任を負う[67]。この質問／争点はトロイカから UPR の事務局に送付され、そこから少なくとも審査の10稼働日前までに審査対象国に送られる。質問／争点は理事会の理事国とオブザーバー国にも頒布される。

3．審査対象国に関する作業部会の結果文書

それぞれの審査対象国との相互対話を経て、指名されたトロイカが、UPR 事務局の援助と審査対象国の十分な関与の下、審査に関する結果文書（報告）の準備を主導して行う。作業部会は審査から48時間以内に各国30分以内の時間を配分して結果文書の審査と採択を行う。作業部会の国別報告書は、各国が各自の発言部分の編集を行うための2週間を残して、暫定的に採択される。

結果文書には審査手続の要約、結論、および／または勧告、そして審査対象国による自発的誓約とコミットメントが含まれる。

それぞれの審査対象国には、結果文書に含まれる結論と勧告を受け入れるか否かを表明する機会が与えられている。以下の時期に、この表明が可能である。

- 作業部会の会合の期間
- 作業部会会期と理事会の次回会期の間の期間
- 作業部会の結果文書を採択するための理事会の会合の期間

審査対象国が受け入れた勧告については、その旨を結果文書に明記する。一

---

[65] 審査対象国は、3か国のうち1か国について自国と同じ地域グループの国とするよう要求することができ、また一度に限ってトロイカ構成国を1か国変更するよう要求することができる。トロイカのメンバーも特定の審査の参加を辞退することができる。

[66] これらの質問／争点はトロイカに送付され、主に3種類の UPR 文書に基づかなければならない。

[67] その際に、トロイカは質問／争点の意味をどのようにも修正してはならず、審査対象国の人権状況についての質問／争点を評価してはならない。

方、受け入れられなかった勧告に関しては審査対象国のコメントとともにその旨を結果文書に明記する。

4．国連人権理事会での結果文書の採択

各審査対象国の結果文書は、UPR の作業部会で採択され次第、国連人権理事会に送付される。理事会は通常、これらの結果文書を次回の通常会期にて、各国1時間以内の時間を割り当てて、審査、採択する。

決議5／1に従い、それぞれの結果文書が採択される前に、

- 審査対象国に対して、結論／勧告、自発的誓約とコミットメントに対する見解を発表する機会と、作業部会での双方向対話において十分に取り扱われなかった質問または争点に対して回答する機会が与えられる。
- 審査対象国と、理事会の理事国とオブザーバー国に対して、結果文書に対する見解を表明する機会が与えられる。
- 他の利害関係者（NHRI および ECOSOC の協議資格を有する NGO を含む）に対して、一般的意見を表明する機会が与えられる。

結果文書を採択する際に、理事会は、当該審査に関して特に何らかのフォローアップが必要か、そして必要ならいつ実施するのかについても決定する。

5．審査に対するフォローアップ

結果文書に含まれる結論／勧告のうち審査対象国に受け入れられたものは、UPR のフォローアップの基礎となる。

UPR の結果（結論と勧告、自発的誓約とコミットメントを含む。）を実施する第1次的責任は審査対象国にある。しかしながら、**決議5／1は、市民社会のアクターを含む他の利害関係者も、審査対象国の審査結果の実施に際して関与すると定めている**。国際社会も、審査結果を審査対象国が実施するにあたって、当該国との協議と合意の上で、能力向上や技術支援の観点から支援を行う。

次のサイクル以降においては、特に各国による勧告の実施について重点的に取り組むことになる。そして、この目的のために、国連人権理事会は、UPR メカニズムに協力するようあらゆる手段を尽くしたにも関わらず、依然として協力に応じない事例について、必要に応じて対処することができる。

UPRの作業過程

A. 審査に向けた情報の準備
含まれるもの：
- 広範な協議を含む対象国の情報（政府報告）
- 国連公文書の編集版（OHCHR作成）
- 利害関係者から提供された情報の要約（OHCHR作成）

B. UPRの作業部会
- ジュネーブで開催。毎年3回会期が開かれ、それぞれの会期は2週間で、一度の会期で16か国（年間48か国）が審査される
- 審査対象国との相互対話形式で審査。勧告、結論、および自発的誓約を含む報告を暫定的に採択する
- 審査対象国は、この段階か後の段階で（遅くとも、通常会期の間）勧告を受け入れるか合か表明する。

C. 国連人権理事会通常会期
- 理事会では、それぞれの文書の審査は1時間である
- 審査対象国、理事国、オブザーバーと他の利害関係者は、結果文書の採択の前に、見解を表明する機会を有する。
- 結果文書は、理事会によって採択される。

D. 結果の実現
- 当該国と必要に応じて、他の利害関係者の責任
- 国際社会の能力向上支援や技術支援
- 国連人権理事会は、あらゆるUPR努力を尽くしてもなお非協力的なケースに対して取り組む。

4年サイクル

◆ UPR メカニズムに関わるには

市民社会は、UPR の関連する段階において──例えば、審査に提出する書類の作成準備、審査への参加、UPR の結論と勧告の実施のフォローアップに対する貢献などを通して──重要な役割を担っている。

A. 政府とともに政府報告を作成する

決議 5/1 は、各国に対して、審査に向けて提出する情報の準備を行う際、すべての利害関係者が関与する広範な国家レベルでの協議を経ることを要請している。ここでの利害関係者には、NHRI をはじめ、NGO、人権擁護者、学術機関、研究機関などの市民社会の代表が含まれる。

これまでの UPR の経験では、政府報告の準備についての市民社会と政府との協働作業の「模範とすべき実践例」に関して、多様な実例が存在する。

国家情報（政府報告）の作成への貢献

2008年5月の UPR 作業部会第2回会期にて行われた**スイス**の審査の準備において、スイスに拠点を置く32の NGO の連合体が、利害関係者報告書を作成するにあたっての調整会議を開催した。3つの NGO（**アムネスティー・インターナショナル・スイス支部、ヒューマンライツ・スイスと CODAP**）の連携によって、「NGO 連合」が利害関係者報告書の第1草案を準備し、スイス政府に提出した。スイスの連邦政府は、UPR に提出する政府報告草案を NGO 連合と共有し、政府との1日間の会議に NGO 連合のメンバーを招いた。その会議のなかで、NGO 連合は政府の報告草案に対して多くのコメントをし、さらに一通りの提言を行った。多くのコメントは UPR に提出される政府報告の最終版に取り込まれ、さらに政府は、NGO 連合が提起した主要な懸念事項のいくつかについて確認し、明言するセクションを報告の中に挿入した。

B. 利害関係者報告書

決議 5/1 に従い、利害関係者は、OHCHR が準備する利害関係者報告書の要約の中に取り入れられる可能性のある、審査対象国についての報告書を作成することが奨励されている。利害関係者報告書の OHCHR 要約は、審査の基礎となる3つの文書のうちの1つである。

この利害関係者報告書は、審査対象国に関する信頼できる確かな情報を含むものでなければならない。

OHCHR は要約文書を作成するにあたって、すべての利害関係者報告書を参照する。さらに、OHCHR のウェブサイトの **UPR セクション** からは、利害関係者報告書を、その提出された原本の形で、閲覧することができる。

OHCHR に対する利害関係者報告書の準備と提出

インドネシアの人権団体の連合である**人権ワーキンググループ（HRWG）・インドネシア**は、2008 年 4 月に開かれた UPR 作業部会第 1 回会期での**インドネシア**の審査に向け、利害関係者報告書を作成した。

この報告書を準備するにあたり、HRWG は「ボトムアップ」プロセスを採用した。つまり、テーマごとに活動する多くの国内 NGO を招聘して、UPR メカニズムを議論し、報告書の方針と構成を充実させるための会議を開いたのである。会議の後、NGO は各自の専門分野における情報の準備の担当を割り当てられ、HRWG は報告書の編集と OHCHR の UPR 事務局への報告書提出を担当した。

HRWG インドネシアはさらに、インドネシアの国内人権機関である Komnas HAM と協働し、利害関係者報告書の準備に際して、インドネシア外務省との対話にも関わった。

報告書の書式

利害関係者は以下の規定に沿った報告書を OHCHR に提出するよう要請されている。

- 国連人権理事会**決議 6 /102**（前節参照）で規定されている、UPR における情報の準備のための一般的ガイドラインに則った形式であること
- 報告書は 5 頁を超えてはならず、大規模な利害関係者の連合体の場合は、10 頁を超えてはならない。
- 最大で 4 年分をカバーすること
- 国連公用語で記載すること。できれば英語、フランス語またはスペイン語が望ましい。
- 報告書を作成した団体の目的と活動内容についての情報を含む短い段落を盛り込むこと
- 一般的な文書作成の書式を用い、段落形式にして頁番号を振ること
- 要点をまとめた導入段落を記載すること

- 提出書類に関連したキーワードを明示すること（例：家庭内暴力）
- 実施の程度について言及することもできるが、人権条約機関や国連人権理事会の特別手続による総括所見や勧告の繰返しをしてはならない[68]。
- 他の組織の報告書の引用や添付は避けること

以下の点に留意すること

- 5ないし10頁の制限を超過している報告書は検討されない。
- 国連公用語の6か国語以外の言語で作成されている報告書は検討されない。
- 指定提出期限の後に提出された報告書は検討されない。
- 明らかに侮辱的な言葉（例えば暴力の扇動や人種差別的な言葉）を含む報告書は検討されない。

市民社会のアクターは、作業部会の会期ごとに指定されている報告書の提出期限を確認するため、定期的にOHCHRのウェブサイトのUPRセクションにアクセスすることが奨励されている。**利害関係者情報は、通常であれば作業部会の会期が始まる7か月前までに、OHCHRに提出すべきである。**

利害関係者情報の要約において、OHCHRが考慮し可能であれば採用する情報を提出したいと考える市民社会のアクターは、その提案を **UPRsubmissions@ohchr.org** まで送付すること。

市民社会のアクターが、OHCHR事務局にその報告書のハードコピーをファックスしたり郵送したりする方法は奨励しないが、もしEメールの送付に技術的な問題がある場合は、**+41 (0) 22 917 90 11** に報告書をファックスすることも可能である。

さらに、市民社会のアクターは、**利害関係者報告書の提出に関する技術的ガイドライン**を参照することが望ましい。

C. UPR作業部会の会期に参加する

ECOSOCの協議資格を有するNGOは、許可を受ければ、UPR作業部会の会期に参加することができるが、会合中に発言することはできない。

---

[68] 人権条約機関や国連人権理事会の特別手続による総括所見や勧告は、OHCHRによって作成される国連公文書の要約の中に記載される。

> UPR 作業部会の会期への参加資格を得る方法に関しての詳しい情報は、OHCHR のウェブサイトを参照のこと。

インフォメーション・セッション

ECOSOC の協議資格を有する NGO は、作業部会の会合への参加を許可されれば、会合の期間中にインフォメーション・セッションを開くことができる。このセッションの開催に興味がある NGO は **UPR 事務局**まで連絡を取ること。

D. 国連人権理事会の会期に参加する

ECOSOC の協議資格を有する NGO は、許可を受ければ、UPR 結果文書の審査と採択を行う国連人権理事会の通常会期への参加も可能である。

ECOSOC の協議資格を有する NGO には、国連人権理事会における結果文書の採択の前に、簡潔に一般的意見を述べる機会が与えられる。

> 国連人権理事会の会期への参加資格を得るための詳しい情報は、本ハンドブックの第Ⅴ章（国連人権理事会）を参照のこと。

E. 審査結果のフォローアップ活動を行う

決議5/1は、審査結果（結論と勧告、自発的誓約とコミットメントを含む。）の実施は、基本的には各国の責任であると規定している。**決議5/1は、市民社会のアクターを含む他の関連する利害関係者もまた、その実施についての役割を担うと規定している。**

NGO、学界、メディア、労働組合、職能団体を含む市民社会のアクターは、たとえば以下のような様々な方法によって、UPR 勧告のフォローアップ活動を行うことができる。

- 国家の義務履行を支援するための、国家機関（例えば、政府、議会、司法府、NHRI）との協働作業。市民社会はしばしば、国家レベルでの法改革を促進したり、国家政策を確立させる触媒としての役割を果たす。市民社会のアクターは、国家機関との対話や、自身の行動プログラムを決定するための基礎として、UPR の結果を用いることもできる。

- 人権状況や、UPR の勧告を実施するために国内で取られている施策の監視を行う。
- UPR 自体、国家による実施が求められる UPR の結果と国内の人権享有を強化するための結果の利用方法について、意識の喚起を行う。方法としては、テーマ別の討論会やラウンドテーブル会議、セミナー、ワークショップを開催したり、UPR の結果を翻訳、出版したり、NHRI や国内メディアと連携したり、また一般世論や市民社会において UPR の結果に対する関心を喚起することが考えられる。
- 次回の UPR 向けの情報の準備について、国家機関と協力する。
- 他の市民社会のアクターと協働し、UPR の勧告の実施に関するフォローアップ情報の準備と OHCHR への提出を行う。

UPR の結果へのフォローアップ活動

UPR の作業部会で採択された報告書に対するフォローアップ

2008年4月、ブラジルに対する審査が終わり、作業部会報告書が採択された後、コネクタス（**Conectas**）というブラジルの人権団体が以下の活動を実施した。

- 作業部会報告書に記載されていた勧告と自発的コミットメントをポルトガル語に翻訳した。
- 作業部会報告書の内容を分析し、その結論部分についてブラジル政府の注意を喚起するとともに、国連人権理事会第8回会期における口頭発言で確認した。
- ブラジルのNGO連合体である**ブラジル人権外交委員会**と協働し、コネクタスは、ブラジル議会の人権委員会と、UPR 手続に関する公開討議を行った。ブラジルの審査時のウェブキャストの一部が、その公開討議で放映された。

国連人権理事会で採択された UPR 報告書に対するフォローアップ

理事会がブラジルの最終報告書を採択してからは、コネクタスは以下の活動を実施してきた。

- ブラジルによる UPR の勧告の実施の進捗状況を評価するために、特定分野のNGO とパートナーシップを構築し、UPR の勧告と自発的コミットメントのフォローアップ活動を行ってきた。
- 政府と連携し、UPR の勧告の実施と自発的コミットメントの達成に向けて、具体的措置や政策を模索する継続的な作業を行っている。

コネクタスはさらに、自己の経験をアルゼンチン、ペルー、フィリピンや南アフリカにおけるパートナー組織と共有し、これらの国々の審査に貢献している。

◆ OHCHR に関する資料

◆ UPR のウェブページ

市民社会のアクターは、作業部会の会期に関する最新情報を入手するため、定期的に OHCHR のウェブサイトの UPR セクションを参照することが奨励されている。

◆ 国連人権理事会のウェブページ

市民社会のアクターは、理事会会期に関する最新情報を入手するため、定期的に OHCHR のウェブサイトの理事会セクションを参照することが奨励されている。会期に関する情報は、通常であれば、各通常会期の 2 週間前にウェブページ上に掲載される。

◆ エクストラネット

エクストラネットは国連人権理事会のホームページにリンクしている。

ここには UPR 専用のページがあり、作業部会の会期ごとの情報が掲載されている。たとえば、以下の情報が掲載されている。

- その会期にて審査される（予定の）国家
- 審査の基礎となる／となった文書
- 審査に先立ち理事会の理事国から審査対象国に対して提出された質問
- 審査において理事国とオブザーバー国が行った発言
- 作業部会が採択した結果文書

> パスワードで保護されたエクストラネットのページにアクセスするには、オンライン上のフォームに必要事項を記入しなければならない。記入後、ユーザーネームとパスワードが E メールにて送られる。

◆ ウェブキャスト

作業部会の会合は、国連人権理事会のウェブキャストからも中継で見ることができる。また、ウェブキャストには過去の会合の映像も保存されている。こ

のウェブキャストを見るには、適切なソフトウェアをダウンロードする必要がある。

> ウェブキャストのサービスは、OHCHR のウェブサイトの国連人権理事会のページから利用することができる。

第Ⅷ章　人権侵害に関する申立ての提出

申立手続の概観

◆ 申立手続とは何か？

人権申立手続とは、人権侵害が疑われる問題について国連の注意を喚起するメカニズムである。このメカニズムには以下の3つの仕組みがある。

- 国際人権条約に基づく個人通報
- **国連人権理事会の特別手続**に基づく個人通報
- 国連人権理事会の**申立手続**

◆ 申立手続はどう機能するのか？

各手続にはそれぞれ要件、利点および制約がある。いずれの手続を利用するかを決定する前にこれらを慎重に検討する必要がある。

- 人権侵害の個人通報は5つの主要な**国際人権条約**に基づいて提出することができる。
- 個人通報は、国連人権理事会特別手続のテーマ別および地理別任務に基づいて機能する。
- 国連人権理事会の申立手続は、世界中のあらゆる地域・あらゆる状況下で発生する大規模かつ信頼できる証拠のある一貫した形態のすべての人権と基本的自由の侵害に対処する。

◆ 申立手続を利用するには

市民社会のアクターは各手続の個別の要件を考慮した上で、国連における資格に関係なく、これらのメカニズムを利用することができる。これらの各手続に基づく申立ては、申立ての対象となる人権侵害を受けている個人または当該個人を代理する第三者、例えば非政府組織（NGO）等が提出することができる。多くの場合において、市民社会のアクターは人権侵害からの保護を求める個人のためのパイプ役として、申立ての準備、提出または提起の代理を行うことができる。ただし、個人を代理して申立てを行う者は、必ず申立てについて当該個人の同意を得た上で、当該個人に申立てを行うことの意味を認識させるべきである。また、申立てが受理されるよう、各手続の要件に従うことに注意を払うべきである。

人権申立メカニズムの主要連絡先

人権諸条約に基づく通報
（自由権規約委員会、拷問禁止委員会、女性差別撤廃委員会、人種差別撤廃委員会、または障害者権利委員会宛）

通報処理チーム
Petitions Team
Office of the United Nations High Commissioner for Human Rights
Palais des Nations
8-14, avenue de la Paix
CH-1211 Geneva 10- Switzerland
ファックス：+41 (0) 22 917 90 22
E メール：tb-petitions@ohchr.org

特別手続に基づく通報
特別手続部
Special Procedures Division
Office of the United Nations High Commissioner for Human Rights
Palais des Nations
8-14, avenue de la Paix
CH-1211 Geneva 10- Switzerland
ファックス：+41 (0) 22 917 90 06
E メール：urgent-action@ohchr.org

国連人権理事会の申立手続
人権理事会局（申立手続）
Human Rights Council Branch (complaint procedure)
Office of the United Nations High Commissioner for Human Rights
Palais des Nations
8-14, avenue de la Paix
CH-1211 Geneva 10- Switzerland
ファックス：+41 (0) 22 917 90 11
E メール：CP@ohchr.org

◆ 申立手続とは何か？

国連システムは主に国家の義務に焦点を置き、政府レベルで機能している。しかしながら、国連の人権システムは、これとは別の手続も用意しており、これらの手続は懸念される人権状況について国連の措置を求める個人および集団に対して開かれている。これらは人権申立手続と呼ばれる。

これらの手続を通じて、個人は人権問題について国連の注意を喚起することができる。毎年世界中の何千人もの人々がこれらの手続を利用している。

人権申立ては以下の3つのメカニズムに基づいて提出することができる。

- **国際人権条約**（通報）
- **国連人権理事会の特別手続**メカニズム
- **国連人権理事会の申立手続**

一定の状況下では、これらの異なる手続が、相互補完的に働き、2つ以上の手続を利用できる。

◆ 申立手続はどのように機能するか？

特定の事案にいずれの手続が最適であるかを慎重に検討することが重要である。各手続にはそれぞれ強み、特定の要件および制約がある。申立てを提出する被害者、個人または組織の利益を考慮してこれらの利点、要件、制度を検討する必要がある。

A. 国際人権条約に基づく個人通報

7つの国際人権条約が人権条約機関への個人通報を認めている。

- **自由権規約**（同規約の**第1選択議定書**に基づく）
- **拷問禁止等条約**（同条約第22条に基づく）
- **女性差別撤廃条約**（同条約の**選択議定書**に基づく）（本条約は個人の集団による通報も認めている。）
- **人種差別撤廃条約**（同条約第14条に基づく）（本条約は個人の集団による通報も認めている。）
- **移住労働者権利条約**（同条約第77条に基づく）

ただし、本規定は10以上の締約国が個人通報を認める宣言を行った後に発効する[69]。
- **障害者権利条約**（同条約の**選択議定書**に基づく）（本条約は個人の集団による通報も認めている。）
- **強制失踪条約**（同条約第31条に基づく）
  2008年9月現在、本条約は未発効である。（訳者注：2010年12月に発効した。）

発効次第、**社会権規約**の選択議定書も個人通報を認めることになる[70]。

強　み
- 通報を条約機関に提出することの重要な利点は、条約に基づく関連表明を行えば、締約国は条約違反への効果的な救済の提供義務を含め、その条約に基づく**義務を遵守しなければならない**ということである。関連する人権条約機関は個人通報を通じて侵害の有無を、権威をもって認定し、関係国は当該条約機関の認定を実現する義務を負う。
- 人権条約機関は、緊急を要する事案において、当該事案についての最終決定を下すまでの間、事態を保全するために暫定措置をとることができる。この暫定措置は決定が下されるまでの間、実施される。
- 人権条約機関の決定は、個別の事案の状況を超えて、将来における同種の侵害の発生を予防するためのガイドラインを提供することができる。
- 人権条約機関は、特別手続の対象となっている、または既に対象となった通報についても審理することができる。

特定の要件および制約
- 通報人の事案が個人通報を認める条約の適用範囲内になければならない。
- 関係国が当該条約の締約国であって、かつ、関連する選択議定書を批准しているか、または通報を受理する人権条約機関の権限を承諾していなければならない。
- 人権条約機関への通報を行う際、被害者の同意または授権を含め、多くの要件が満たされなければならない。これらの要件のいずれかが満たされない、またはこれらの要件に不備がある場合には、当該通報は検討されない。
- 人種差別撤廃条約の下では、通報は当該事例についての国家機関の最終決定から6か月以内に提出されなければならない。
- 申立人は、条約機関に通報を提出する前に、国内における利用可能でかつ効果

---

[69] 2008年9月現在、1締約国のみが当該宣言を行っている。
[70] 2008年6月18日に国連人権理事会で選択議定書が採択され、2008年後半には国連総会で採択される見込みである。（訳者注：2008年12月に国連総会は社会権規約の選択議定書を採択した。）

第Ⅷ章　人権侵害に関する申立ての提出

的な救済手段をすべて尽くしていなければならない（通報についての救済が合理的に見込まれる場合には効果的な救済と考えられる）。
- 通報についての最終決定が下されるまでに平均して2、3年を要する。
- 概して、人権条約機関に寄せられる通報は広範な形態の人権侵害に関連しない。
- 人権条約機関は、既に他の国際的または地域的な申立審理手続[71]によって検討されている事案については検討することができない。

> 人権条約機関についての詳しい情報は、このハンドブックの第Ⅳ章（人権条約機関）を参照のこと。

B.　特別手続に基づく通報

多くの特別手続メカニズムにおいては、個別の事案またはより一般的形態の人権侵害について、申立てが認められている。すべての個人または個人を代理する者は、任務により認められている場合には、特別手続の任務保持者に対して個別の事案を提起することができる。多くの場合において、市民社会のアクターは、人権侵害からの保護を求める個人の支援を行うことができる。

強　み
- 特別手続に基づく個人通報は、個別の事案にも、より一般的な形態の人権侵害にも利用可能な手続である。
- 緊急行動または予防措置が認められることから、緊急性のある事案では有用な手段となり得る（**緊急要請として知られている**）。
- 事案が発生する**国家を問わず**、また、当該国家がいずれかの人権条約を批准しているか否かを問わず、事案を提出できる。
- 本手続の利用前にすべての国内救済手段を尽くす必要はない。
- 通報が被害者によって行われる必要はない。ただし情報源は信頼できるものでなければならない。
- 人権条約機関および特別手続（関連する権限のある場合）に対して同時に申立てを提出できる。

制　約
- 特定の人権問題または特定の国を対象とする特別手続が設置されていなければならない（すべての特別手続任務保持者が個別の案件について活動できるわけ

---

[71] これには他の条約機関、欧州人権裁判所または米州人権裁判所が該当し得るが、国連人権理事会の特別手続は含まれない。

ではない）。
- 特別手続は法的に拘束力を持つメカニズムではない。すなわち、特別手続任務保持者の勧告に従うかは各国家の裁量に委ねられている。
- 手続は特別手続の任務の内容によって異なる。

i **特別手続**についての詳しい情報は、このハンドブックの第Ⅵ章（特別手続）を参照のこと。

C. 国連人権理事会の申立手続

　人権侵害の被害者であると主張する個人若しくは集団、またはその他当該侵害についての直接のかつ信頼できる情報を有する個人または集団は、本手続に基づいて申立てを提出することができる。国連人権理事会の申立手続は、すべての国家におけるすべての人権および基本的自由を対象とする唯一の普遍的な申立手続である。

　本手続に基づく通報は、問題となる国の条約義務の受諾または特別手続の任務とは関係がない。本申立手続は国家における一貫した形態の大規模な人権侵害を扱う。本申立手続は申立てを行う被害者に賠償するものではなく、また、個別の事案についての救済を行うものでもない。

強　み
- 本手続は**すべての人権および基本的自由の侵害**を扱うことができる。すなわち、本手続に基づく申立てを受ける国家は、申立てに関する条約の締約国である必要はない。
- 申立ては**すべての国家に対して行うことができる**。
- 申立ては被害者または被害者のために行動する者によって提起することができ、被害者の書面による授権を必ずしも必要としない。
- 申立人（通報の提出者）は本手続の様々な重要な段階で下される決定について通知される。
- 一般的に受理基準が他の申立メカニズムほど厳格ではない。

ありうる制約
- 申立てが複数の段階を経て審理されることから、本手続は長期にわたることがあり、緊急性のある事案には適さないことがある。
- 申立人は、本手続に情報を送る前に、国内における利用可能でかつ効果的な救

済手段をすべて尽くしていなければならない。
- 緊急の仮保護措置についての規定がない。
- 一般的に、通報は一貫した形態の人権侵害、すなわち、個別の事案ではなく多数の人々に影響を与える人権侵害に関するものでなければならない。
- 本手続は非公開で行われるため、本手続によって特定の国家の人権状況についての世論を喚起することはできない。
- 一貫した形態の大規模な人権侵害を示す事案であっても、特別手続、条約機関その他国連または類似の地域人権申立手続で既に扱われているものは、本手続では受理されない。

> 申立手続についての詳しい情報は、このハンドブックの第Ⅴ章（国連人権理事会）を参照のこと。

◆ 申立手続へのアクセスおよび活用方法

　市民社会のアクターは誰しも、各手続の特定の要件を満たしさえすれば、その申立手続を利用することができる。各手続に基づく申立ては、申し立てる人権侵害を受けている個人、またはそのような個人を代理するNGO等の第三者が行うことができる。

　市民社会のアクターは、人権侵害からの救済を求める個人に代わって申立ての準備、提出または提起をすることにより、しばしばそのような個人にとってのパイプ役を果たすこととなる。しかし、個人に代わり申立てをしようとする者は必ずその個人の同意を得なくてはならず、かつ、その個人が申立ての意味を認識している必要がある。たとえば、ある情報が特別手続に提出されるとき、任務保持者はその件に関して国家に通知し、その通知が最終的には公開の報告書に記載されることとなる。また、人権条約機関に対して申立てがなされるときは、個人の身元が政府に対して開示されることとなる。したがって、被害者が各申立手続の運用に精通することが必須となる。

　申立てが確実に受理されるよう、各手続の要件に従うことに注意を払うべきである。

A. 国際人権条約に基づく個人通報

通報は、個人、または人権侵害の被害者であると主張する個人の代理人として正式に授権された弁護士、非政府組織（NGO）または職能団体等の第三者により行うことができる。本セクションでは個人通報の要件および主要な要素につき検討する。

要　件
1．当事国の批准
以下の場合に、国家を相手に、人権条約に基づく人権侵害の通報をすることができる。

- 国家が、批准または他の方法によって当該条約の締約国になっていること、および、
- 当該国が、条約に基づき設立された人権条約機関の通報検討権限を承認していること。条約により異なるが、このため、当該国には、関連する選択議定書の締約国になっているか、条約に基づいて必要な宣言をしていることが求められる。

条約に基づいて負う人権義務の範囲を実質的に制限する留保または宣言を行っている締約国があることに留意すべきである。条約の特定の規定に基づき通報ができるか否かを判断するに際しては、これらの点を考慮しなければならない[72]。

2．個人の人権侵害
条約機関の下での個人通報は、**一人またはそれ以上の特定の個人に関する人権侵害の事案**にのみ利用することができ、個人が特定されない一般的形態の人権侵害には通常適さない。

3．国内救済手段
国際人権条約に基づく個人通報は、**国内での効果的な救済手段が尽くされた**場合にのみ提出できる。すなわち、当該事案または通報につき、利用可能でかつ合理的期間内に効果的な救済手段を提供できる国内裁判制度あるいは行政審

---

[72] 各条約および関連する選択議定書の批准状況並びに締約国の宣言・留保については**こちらを参照のこと**。（http://treaties.un.org/pages/Treaties.aspx?id=4&subid=A&lang=en）

判の諸段階を終了した場合である。このルールは国内救済手段が**効果的でない場合または不当に遅延する場合**には適用されない。いかなる場合をもって「不当に遅延する」とするか、一般的に認定することはできないため、個別に判断しなければならない。

4．被害者を代理しての通報

個人の被害者が「委任状」または「授権書」の形式で**書面による同意**を与えている場合に限り、ある個人または組織が他の者を代理して通報をすることができる[73]。

5．他の申立手続

国連条約機関は、一般に、**他の国連機関、国際または地域組織の申立審理手続により既に検討されている**事案を検討することはできない。その事案が**米州人権裁判所または欧州人権裁判所**により審理され却下済みの場合は、同一の申立てが条約機関による判断の対象となる場合がある。特別手続の任務に基づき申し立てられた事案についても条約機関に対して通報をすることができる。

6．通報の形式

申立人は通報の雛型（本節の付録ⅠおよびⅡを参照のこと）を使用することが奨励されるが、原則として関連情報を含むものであればどのような形式の文書であってもよい。この文書は、関連する人権条約機関の作業言語を用いて提出されるべきである[74]。

---

[73] 同意書は、当該状況下で取得が不可能であると信じるに足る十分な根拠がある場合には不要である。
[74] 作業言語とは通常、アラビア語、中国語、英語、フランス語、ロシア語およびスペイン語を指すが、各機関の作業言語の確認のため、通報人はOHCHRのウェブサイトを参照のこと。

条約機関の下での個人通報に含むべき情報とは？

- 人権侵害の対象とされる者についての**基本的な個人情報**（氏名、国籍、生年月日）
- 通報の相手方である**締約国名**
- 通報を他の個人が代理して行う場合は、その個人の同意若しくは授権の**証拠**となるもの（「委任状」のハードコピー）または同意若しくは授権が得られなかったことがやむを得なかったことを示すもの
- 通報の根拠となる**事実**について時系列に沿って明確に記された詳細な**報告**
- 国内裁判所でとりうるすべての司法的救済手段および当該国でとりうる効果的な行政上の救済手段を尽くすためにとった措置の詳細
- 当該事案または事実を、他の国際的調査または解決手段に対しても付託している場合は、その**付託内容**の詳細
- 当該事案における事実が、援用された条約の条項に規定される人権の**侵害となる理由**についての議論の詳細。**条約の関連条項**を特定することが有効である。
- 主張および議論に**関連するすべての文書**（裁判所の決定等）
- （可能であれば）**関連する国内法令**の写し

一般的なルールとして、侮辱的な言葉を含む通報は検討されない。

7．時間的制限

人種差別撤廃条約が公式の通報提出期限を定めた唯一の人権条約である。とはいえ、通報は、侵害が起こり、国内の救済手段が尽くされた後に**できるだけ早く**なされるのがよい。通報が遅れることにより、締約国の適切な対処と、条約機関の徹底した事実関係の評価が困難になる可能性があるからである。関係締約国に対する通報メカニズムが発効する前に生じた侵害に関する通報は、検討されない（ただし、侵害の効果が継続して条約違反となっている場合はこの限りでない。）。人種差別撤廃条約に基づく通報はその案件についての国内機関による最終決定から**6か月**以内になされる必要がある。

8．緊急行動

各委員会は、通常の手続を待っていては、事案が検討される前に回復不能な損害が発生するおそれがある場合、暫定措置という緊急行動をとることができる。典型的には、たとえば死刑執行や拷問に直面するおそれがある個人の国外

追放のような、後になっては取り返しのつかない事態を避けるために講じられる。**人権条約機関に暫定措置を講ずるよう求める個人または組織は、通報にこの点を明確に記すことが奨励される。**

9．慎重に取り扱うべき事項

通報において、私的なまたは個人的な事柄に関し、**慎重に取り扱うべき事項**がある場合には、被害者の身元が公にならぬよう、委員会の最終決定において被害者の氏名を伏せるよう委員会に対して求めることができる。

手続の要素

通報が上記において概説した不可欠の要素を含む場合、その事案は正式に関連人権条約機関の検討の対象となる（すなわち**登録される**）。

その後、事案はコメントの機会を与えるため関係締約国に送付される。当該締約国が回答すると、通報人は締約国の回答に対してコメントする機会を与えられる。その時点で、事案は人権条約機関による決定を待つ状態となる。1回または数回の催告にもかかわらず、当該締約国が回答しない場合、人権条約機関は通報人の主張に相当の重きをおいて、事案についての決定を行う。

人権条約機関の検討過程には「受理」の段階と「本案」の段階という2つの主要な段階がある。受理段階において、条約機関は通報が手続要件を満たすか否かを検討する。その事案を受理できると決定した場合、条約機関は通報の本案を検討する。これらの段階は通常併せて検討されるが、締約国の要求により別々に行われることもある。事案が受理段階で却下された場合、本案は検討されないこととなる。

人権条約機関は各事案を非公開の会合で検討する。人権条約機関がある事案につき決定を行うと、決定は通報人と締約国に同時に伝えられる。通報人が関連条約に基づく締約国による人権侵害の実際の被害者であると決定した場合、条約機関は、通常、講ずるべき救済手段を特定し、一定の期間（通常は6か月）以内に人権条約機関の認定を実現するために当該締約国がとった措置についてのフォローアップ情報を提供するよう当該締約国に求める。

本案についての最終決定または不受理の決定は、人権条約機関の先例としてOHCHRのウェブサイトに掲載されている。

国際人権条約に基づく個人通報の送付先

通報の送付先：
通報処理のチーム
Petitions Team
Office of the United Nations High Commissioner for Human Rights
Palais des Nations
8-14, avenue de la Paix
CH-1211 Geneva 10 – Switzerland
ファックス：+41 (0)22 917 90 22（特に緊急を要する案件については、すべての関係書類をハードコピーで同封のこと）
Eメール：tb-petitions@ohchr.org

宛先となる人権条約機関を必ず明記すること。

B. 特別手続に基づく通報

このメカニズムでは、個別の事案についても、より一般的な形態の人権侵害についても通報が可能である。いずれの個人、集団または個人のために行動する組織も特別手続の任務保持者に事案を通報できる。

市民社会のアクターは、しばしば人権侵害からの保護を求める個人にとってのパイプ役を果たすこととなる。特別手続の任務に基づき事案を申し立てようとする個人または組織は、事案に関連する地域別またはテーマ別の任務が存在するか否かを最初に検討すべきである。加えて、通報が受け付けられるために、満たさなければならない任務の個別の基準につき慎重に検討すべきである。特に、**恣意的な拘禁に関する作業部会**や強制失踪または非自発的失踪に関する作業部会は、他の任務とは異なる特別な基準を有する。

個別の事案を受領した場合において、政府への連絡を行うか否かの決定は任務保持者の裁量による。この決定は任務保持者が立てた基準に従いなされるが、**特別手続の任務保持者のための行動綱領**に沿うものでなければならない。基準は一般的に以下のようなものである。

- 情報源の信頼性（マスコミ報道のみに依拠するべきではない）
- 情報の信憑性（政治的動機に基づくべきではない）

- 情報の詳細
- 任務の範囲

報告された侵害についての検討を促すため、侵害を報告しようとする者は、いくつかの特別手続に関する**質問票**をオンラインで利用することができる（下記参照）。しかし、個人または他の通報者からの通報は、質問票を用いて提出されたものでなくとも検討されることに留意されたい。通報者は通報した内容につき定期的に更新情報を提供することが奨励される。

特別手続に基づく個人通報に含むべき情報とは？

- **被害者とされる者**を特定する情報
- 侵害の**加害者とされる者**を特定する情報
- 通報を提出する個人または組織を**特定する**情報（この情報は内密に扱われる）
- 事件の**日付および場所**
- 侵害の**状況についての詳細な記述**

注意事項：
- 一般的に、侮辱的な言葉を含む通報は検討され**ない**。
- 通報は**簡潔明瞭**にすべきである。
- 通報先である**特別手続メカニズムの名称**を必ず特定する。
- **それぞれの任務ごとに設定された個人通報のための要件を必ず検討**する。
- 通報は英語、フランス語またはスペイン語で記載することができる。

特別手続に基づく個人通報の送付先

特別手続部
Special Procedures Division
Office of the United Nations High Commissioner for Human Rights
Palais des Nations
8-14, avenue de la Paix
CH-1211 Geneva 10 – Switzerland
ファックス：+41 (0) 22 917 90 06
E メール：urgent-action@ohchr.org

E メール若しくはファックスの件名または封筒に、通報先である特別手続メカニズムの名称を明記すること。特別手続の任務の中には申立てをするために満たさなければならない特別の要件を設定しているものもあるので、留意されたい。これらの要件の詳細については、OHCHR のウェブサイトの各任務の項を参照のこと。

人権侵害の被害者からの信憑性と信頼性のある情報に基づき、特別手続の任務保持者は通報を**政府**に送付することができる。通報は OHCHR を通じて政府へ送られ、また、重大な侵害が現在継続しまたは切迫していると認められる場合には**緊急要請**という形がとられ、侵害が既に発生してしまっていると考えられる場合には**申立書**という形が取られることになる。このやり取りを通じて、任務保持者は関係政府に対し、特定の事案および／または適切な救済措置について明確化するように求める。任務保持者はまた政府に対し、その調査および行動の結果について通知するよう求めることができる。

その回答の内容により、任務保持者は、さらに調査をするか特定の勧告をするかを決定することとなる。また、一定の場合には、任務保持者は、その事案につき公開の声明を出すと決定することもできる。

国連人権理事会の規則に基づき、すべての特別手続はその活動につき年次会期において**報告**することが求められている。任務保持者が報道発表を行うことを決定しない限り、送受信されたやり取りは通常秘密とされ、関連する特別手続の年次報告書が公表されるまでは秘密のままである[75]。

特別手続の任務保持者の報告書には、子どもや特別の状況にある事案を除き、被害者の氏名が記載されることに留意されたい。特別手続メカニズムの報告書

の公開性を考えると、自らの事案が特別手続メカニズムへ送られようとしていること、被害者の氏名が関係機関に通知されうることおよび被害者の氏名（またはイニシャル）が関連する特別手続の公開される報告書に記載されうることを人権侵害の被害者自身が認識するよう、その人権侵害の被害者を代理する個人または組織が徹底することが重要である。

> *i* 以下の任務における人権侵害の報告については**標準質問票**が利用できる
>
> - 恣意的拘禁に関する作業部会
> - 強制的または非自発的な失踪に関する作業部会
> - 自己決定権行使に対する妨害の手段としての傭兵利用に関する作業部会
> - 裁判手続によらない、略式または恣意的な処刑に関する特別報告者
> - 言論および表現の自由に対する権利の促進と保護に関する特別報告者
> - 移民の人権に関する特別報告者
> - 子どもの売買、買春およびポルノグラフィーに関する特別報告者
> - 拷問および残虐、非人道的なまたは品位を傷つける取扱い若しくは刑罰に関する特別報告者
> - 人身売買、特に女性および子どもの売買に関する特別報告者
> - 女性に対する暴力、その原因と結果に関する特別報告者
> - 人権擁護者の状況に関する特別報告者
>
> ただし、個人その他の通報者からの通報は、たとえ質問票の形式でなされたものでなくとも検討される。

C. 国連人権理事会の申立手続

　国連人権理事会の申立手続においては、人権侵害の被害者であると主張し、または、人権侵害について直接の信頼できる情報を有するいずれの個人または集団も通報できる。この手続の重要な要素は下記の通りである。

---

75 年次報告書に加え、任務保持者の中には、自らの活動およびその任務の範囲を説明する助けとなるような他の文書を公表する者もある。特に、恣意的拘禁に関する作業部会は一般的な事項については「審議書」を、個人通報については「意見書」を公表している。また、強制的または非自発的な失踪に関する作業部会は「強制的な失踪からのすべての人の保護に関する宣言」について「一般的意見」を公表している。

国連人権理事会の申立手続に基づく申立てに含むべき情報とは？

- **通報している個人または集団の身元**（要請があれば、この情報は秘密事項として扱われる）。匿名の申立ては受理しない。
- できるだけ詳細な**関連事実についての記述**（被害者の氏名、日付、場所およびその他の証拠を含む）
- 申立ての目的および**侵害されたとされる権利**
- 本事案によって、個別の侵害ではなく、**大規模かつ信頼できる証拠のある一貫した形態のすべての人権侵害がどのように示されるかにされるかについての説明**
- **国内救済手段**がどのように尽くされたかについての詳細、またはその救済手段がどれほど効果的でなく、または不当に遅延しているかについての説明

注意事項：
- すべての申立ては書面でなされなければならない。申立ては、マスコミの報道に依拠するものでは十分でないことに留意されたい。人権の報告を証拠として提出しようとする場合には、申立人を特定するためカバーレターを添付し、申立てをしたい事案を説明し、その申立てを国連人権理事会の申立手続に基づいて取り扱って欲しい旨を説明する。
- 申立ては10～15頁程度にまとめるのが望ましい。追加情報は申立後にも提出できる。
- 申立ては英語、フランス語、ロシア語またはスペイン語で記載すること。その他の言語で書かれた書類は、これらの言語のいずれかに翻訳または要約する。
- 暴言または侮辱的とみなされる言葉を含む通報は検討されない。

この申立手続の詳細な手順および手続は、理事会**決議5／1**に示されている。本章に記された情報はその理事会決議の規定に基づいている。この当初の規定および作業方法、特にこの手続の様々な段階を通じてなされる申立人へのフィードバックに関連する部分については、さらに発展していくことが期待される。

申立手続の各段階は以下の通りである。

第1段階：予備審査

OHCHR事務局は、**通報作業部会**の議長とともに、すべての通報（申立て）を、受理基準に基づきそれらが届いた段階で審査する。そして、明らかに根拠

がなく、または匿名のものについては却下する。申立てが受理されて手続の次の段階へ進むことになった場合、申立人には受理された旨書面で通知される。また、申立ては関係政府へ送られ、当該政府が回答をすることとなる。

第2段階：通報作業部会

通報作業部会は**人権理事会諮問委員会**の中から任命された5名のメンバーで構成され、少なくとも1年に2度、会期ごとに各5日間は会合するよう求められている。この作業部会は、冒頭審査を通過した申立ておよび政府から受領した回答を検討し、大規模かつ信頼できる証拠のある一貫した形態のすべての人権と基本的自由の侵害を示すと思われる特定の事態について事態作業部会の注意を喚起する。

第3段階：事態作業部会

事態作業部会は国連人権理事会の5人のメンバーで構成され、それぞれ個人の資格で務める。少なくとも1年に2度、会期ごとに各5日間は会合し、通報作業部会から付託された事態について検討するよう求められる。事態作業部会は付託された事案を評価し、また、大規模な一貫した形態の人権侵害であることを示す事態に関してとるべき行動について、具体的に勧告する報告を国連人権理事会のために作成する。または、事案を継続審議としたり、審議を終了する決定を行うこともできる。

> **人権理事会諮問委員会**についてさらに知りたい場合は、このハンドブックの第Ⅴ章（国連人権理事会）を参照のこと。

第4段階：国連人権理事会

国連人権理事会は、本会議において、必要に応じて（ただし、少なくとも1年に1度）事態作業部会から注意を喚起された事態について検討する。別段の決定がなければ、事態作業部会の報告を非公開で審査する。事態に関する検討に基づき、国連人権理事会は通常、決議または決定の形で行動する。国連人権理事会は以下の措置を決定することができる。

- さらなる検討または行動が必要と認められない場合に、事態の検討を終了すること

- 事態を継続審議として、関係国に対し合理的期間内にさらなる情報を提供するよう要求すること
- 事態を継続審議として、事態を監視し折り返し報告させるために、高い能力のある独立専門家を任命すること
- 事案を公開の場で検討するため、非公開手続での検討を終えること
- OHCHRが関係国に技術協力、能力向上の協力または助言をするよう勧告すること

検討中の事態に関して個人および政府から提供されるすべての資料は、手続の様々な段階でなされる決定と同様、**非公開**とされる。これは検討を終了した事態についても同様である。

国連人権理事会の申立手続に基づく申立書の送付先

国連人権理事会局（申立手続）
Human Rights Council Branch（complaint procedure）
Office of the United Nations High Commissioner for Human Rights
Palais des Nations
8-14, avenue de la Paix
CH-1211 Geneva 10 – Switzerland
ファックス：+41 (0) 22 917 90 11
Eメール：CP@ohchr.org

◆ 付録Ⅰ──以下の条約に基づく通報の雛型

- 自由権規約の選択議定書
- 拷問等禁止条約、または
- 人種差別撤廃条約

上記手続のいずれを利用するかを記載してください。
日付：＿＿＿＿＿＿＿＿＿

Ⅰ．通報人についての情報
- 姓
- 名
- 国籍
- 生年月日および出生地
- この通報についての通信をするための住所
- あなたが下記のいずれによりこの通報をされるのか記載してください。
  ── 自己のために
  ── 他の者のために

（他の者のために通報をする場合）
- その方について以下の情報を記載してください。
- 姓
- 名
- 国籍
- 生年月日および出生地
- 住所または現在の居所

あなたがその方を知っていて、かつ、その方の同意を得て通報をしている場合、その方があなたに通報について授権した旨を記載してください。
　または
あなたが授権されていない場合は、あなたとその方との関係およびあなたがその方のためにこの申立てをすることが適当であると考える詳細な理由について説明してください。

Ⅱ．関係国／侵害された条項
- 選択議定書の当事国（自由権規約委員会への通報の場合）または関連宣言をした国（拷問禁止委員会または人種差別撤廃委員会への通報の場合）の名称
- 侵害されたとされる規約または条約の条項

III. 国内救済手段の消尽／他の国際手続の利用
- 侵害に対する関係国内での救済を得るために、被害者とされる者によりまたは同人のためにとられた措置—とられた手続（訴訟および他の公的機関への訴えの提起を含む）、行った主張、日時およびその結果—についての詳細を記してください。
- これらの救済手段を利用しても不当に遅延すること、効果的でないこと、利用可能でないこと、または、その他の理由により救済手段を尽くさなかった場合は、その理由を詳細に説明してください。
- 同一の事案を、他の国際的な調査または解決の手続（たとえば、米州人権委員会、欧州人権裁判所または人および人民の権利に関するアフリカ委員会）の下で検討のために付託しましたか？
- その場合は、進められたかまたは進められている手続、行った主張、日時およびその結果についての詳細を記してください。

IV. 通報の事実
- 侵害についての事実および状況を時系列に沿って詳細に記してください。あなたの申し立てる特定の事案についての評価および検討に関わりをもつと思われる事項はすべて含めてください。記載された事実および状況がどうしてあなたの権利を侵害していると考えるのかについて説明してください。
- 通報人の署名

V. 付属書類（通報書には原本ではなく写し通報同封のこと）のチェックリスト
- 授権書（あなたが他の者のために通報をする場合で、その他の方法によって特別の授権がないことを正当化しない場合）
- あなたの主張についての国内裁判所および国内機関の決定（関連する国内法の写しもあれば有用です。）
- 他の国際的な調査または解決の手続に対する通報およびその決定
- あなたが申し立てている（上記）第4項に記載された事実および／または記載された事実があなたの権利侵害につながるという主張を立証する何らかの文書その他の裏付けとなる証拠

　以上の情報が含まれておらず、特にあなたから情報提供される必要がある場合、または添付書類が事務局の作業言語で記載されていない場合は、あなたの通報についての検討は遅れる可能性があります。

第Ⅷ章　人権侵害に関する申立ての提出

◆付録Ⅱ——以下の議定書に基づく通報ガイドライン

● 女性差別撤廃条約の選択議定書

1．通報人に関する情報
- 姓
- 名
- 生年月日および出生地
- 国籍／市民権
- パスポート番号／IDカード番号（可能であれば）
- 性別
- 配偶者の有無／子どもの有無
- 職業
- 民族的背景、宗教、社会集団（関連があれば）
- 現住所
- 信書の宛先（現住所と異なる場合）
- ファックス番号／電話番号／Eメール
- あなたが下記のいずれによりこの通報をされるのか記載してください。
  ― 被害者としての通報。被害者の集団の場合は、各個人についての基本情報を記載してください。
  ― 被害者のための通報。被害者の同意があったことを示す証拠、またはそのような同意なく通報をすることを正当化する理由を記載してください。

2．被害者に関する情報（通報人と異なる場合）
- 姓
- 名
- 生年月日および出生地
- 国籍／市民権
- パスポート番号／IDカード番号（可能であれば）
- 性別
- 配偶者の有無／子どもの有無
- 職業
- 民族的背景、宗教、社会集団（関連があれば）
- 現住所
- 信書の宛先（現住所と異なる場合）
- ファックス番号／電話番号／Eメール

3．関係締約国についての情報
- 当事国名

4．侵害の性質
以下の情報を含む、あなたの主張を立証する詳細な情報を記載してください。
- 侵害および加害者についての記述
- 日付
- 場所
- 侵害されたとされる女性差別撤廃条約の規定。通報において2つ以上の規定に言及している場合は、それぞれの問題を個別に記載してください。

5．国内救済手段を尽くすためにとられた措置
以下の情報を含む、国内救済手段を尽くすためにとられた行動（例えば、法律上、行政上、立法上、政策または計画上の救済手段を得るための試み）について記載してください。
- 求めた救済手段の種類
- 日付
- 場所
- 行動を起こした人
- 救済を求めた機関または組織
- その事案を審理した裁判所の名称（もしあれば）
- 国内救済手段が尽くされていない場合は、その理由を説明してください。

注意事項：すべての関連文書の写しを同封してください。

6．その他の国際的手続
同一の事案が、他の国際的な調査または解決の手続に基づき、すでに調査され、または現在調査されていますか？　その場合は、以下について説明してください。
- 手続の種類
- 日付
- 場所
- 結果（もしあれば）

注意事項：すべての関連文書の写しを同封してください。

7．日付および署名
日付／場所：＿＿＿＿＿＿＿＿＿＿＿＿＿＿＿
通報人および／または被害者の署名：＿＿＿＿＿＿＿＿＿＿＿＿

8．添付書類のリスト（原本ではなく、写しを送付してください）

第Ⅸ章　基金および助成金

多くの基金および助成金が存在するが、その一部は**国連人権高等弁務官事務所（OHCHR）**によって直接管理されている。これらは、非政府組織（NGO）、草の根団体、職能団体や個人などの市民社会のアクターを直接に援助するものである。これらは、一定の人権分野の市民社会活動に金銭的な支援を提供することができる。

基金は、その任務の範囲内にある活動を支援するために財政的な助成を行う。OHCHRと国連の他の事務所は、一定の状況下にある市民社会のアクターを支援する複数の基金・助成金を管理している。基金は、政府、NGO、その他の民間または公的機関や個人から任意の寄付を受け取り、その任務にしたがってこれらを分配する。

NGO、草の根団体、コミュニティ・グループ、職能団体などの市民社会の組織は、原則として、基金・助成金の交付を申請する一般的な資格を持っている。場合によっては、個人も助成を申請することができる。申請を希望する市民社会のアクターは、ガイドラインを注意深く検討し、管理上その他の要求事項を充たしているかどうかを確認されたい。

国連経済社会理事会（ECOSCO）の協議資格は、NGOおよびその他の市民社会のアクターがこれらの基金若しくは助成に参加またはアクセスする際の要件ではない。

A. 基金および助成金とは何か？

OHCHRが管理する基金および助成金には、次のようなものがある。

- **拷問の被害者のための国連任意基金**は、市民社会のアクターに対する助成として、拷問の被害者およびその家族に対し、医療、心理、社会、経済、法律、人道的その他の形態の支援を行う。助成を受けることのできる市民社会のアクターは、主として、NGO、リハビリ専門センター、被害者の協会、財団および病院などであり、このほか、人権を擁護する個人、例えば、被害者を代理人として活動する弁護士などに助成が行われる場合もある。
- **先住民のための任意基金**は、先住民のコミュニティや組織の代表による、国連

の先住民の問題に関する会議への参加を促進するための旅費を助成する。
- **現代的形態の奴隷制に関する国連任意信託基金**は、特に、現代的形態の奴隷制の被害者を支援する NGO、地域団体および青年団体、労働組合または職能団体などの市民社会の団体を対象とした、小規模なプロジェクトへの助成を行う。
- **「コミュニティの共同支援」(ACT) プロジェクト**は、地域における人権に関する研修と教育の取組みを支援するための小規模の助成を行う。

また、上記以外に、重要な問題に関わる市民社会の活動を支援する２つの基金があり、これらについても本章で取り扱う。

- **国連民主主義基金**は、民主的な組織の設立・強化および人権の促進をはかり、かつあらゆる集団の民主的なプロセスへの参加を確立するためのプロジェクトに助成を行う。
- **障害者に関する国連任意基金**は、障害者権利条約の実施に市民社会組織が寄与することのできる能力を構築することを目指す支援活動に対し小規模の助成を行う。

この２つの基金の管理は国連の他の事務所によって行われているが、OHCHR は両基金において一定の役割を担っている。

連絡先

OHCHR が管理する基金
拷問の被害者のための国連任意基金
United Nations Voluntary Fund for Victims of Torture
Office of the United Nations High Commissioner for Human Rights
Palais des Nations
8-14, avenue de la Paix
CH-1211 Geneva 10 - Switzerland
電話：+41 (0) 22 917 93 15
ファックス：+41 (0) 22 917 90 17
E メール：**unvfvt@ohchr.org**

先住民のための任意基金
Voluntary Fund for Indigenous Populations
Office of the United Nations High Commissioner for Human Rights
Palais des Nations
8-14, avenue de la Paix
CH-1211 Geneva 10 - Switzerland
電話：+41 (0) 22 928 91 64 または (0) 22 928 91 42
ファックス：+41 (0) 22 928 90 66
E メール：**IndigenousFunds@ohchr.org**

現代的形態の奴隷制に関する国連任意信託基金
United Nations Voluntary Trust Fund on Contemporary Forms of Slavery
Office of the United Nations High Commissioner for Human Rights
Palais des Nations
8-14, avenue de la Paix
CH-1211 Geneva 10 - Switzerland
電話：+41 (0) 22 928 93 81 または +41 (0) 22 928 91 64
ファックス：+41 (0) 22 928 90 66
E メール：**SlaveryFund@ohchr.org**

「コミュニティの共同支援」(ACT) プロジェクト
ACT Project
Office of the United Nations High Commissioner for Human Rights
Palais des Nations
8-14, avenue de la Paix

CH-1211 Geneva 10 - Switzerland
ファックス：+41（0）22 928 90 61
Eメール：**ACTProject@ohchr.org**

国連の他の事務所が管理する基金で、OHRCRが特定の役割を担っているもの
国連民主主義基金
United Nations Democracy Fund（UNDEF）
United Nations
One UN Plaza, Room DC-1-1330
New York, NY 10017
United States of America
電話：+1 917 367 42 10 または +1 917 367 80 62
ファックス：+1 212 963 14 86
Eメール：**democracyfund@un.org**

障害者に関する国連任意基金
Secretariat of the Convention on the Rights of Persons with Disabilities
Department for Economic and Social Affairs
United Nations
Two UN Plaza, DC2-1372
New York, NY 10017
United States of America
ファックス：+1 212 963 01 11
Eメール：**enable@un.org**

B. 基金および助成金はどのように機能しているか？

1．拷問の被害者のための国連任意基金

　拷問の被害者のための国連任意基金の任務は、通常はNGO、専門リハビリセンター、被害者の協会、財団や病院、場合によっては、個人の人権擁護者などの市民社会のアクターにより確立された支援ルートを通じて、拷問の被害者とその家族に人道的支援（医療、心理、法律、社会、財政）を提供するプロジェクトに助成することである。政府、議会または行政関連の団体、政党、民族解放運動からの助成申請は受け付けていない。

拷問の被害者のための国連任意基金は、OHCHR が管理する最大の基金であり、60か国以上の国で市民社会のアクターによって実施されているプロジェクトに資金の拠出を行っている。基金理事会の助言にしたがい、国連事務総長が管理している。理事会は年に2回、2月に政策に関する会議を開き、10月に助成を行うための会議を開催する。過去に行われた助成の報告を検討し、新規の助成に関する勧告を採択し、定期的な資金提供者や団体の資金提供者と面談し、拷問の被害者に対する支援についての政策問題について協議している。

基金事務局と理事会は、ジュネーブの OHCHR に本拠を置いている。事務局は、プロジェクト助成申請が申請受理要件を備えているかについて審査を行うが、その申請の内容について判断を下すのは理事会の役割である。理事会は、以下の項目を含めさまざまな要素について考慮している。

- プロジェクトが支援することになっている拷問の被害者とその家族の人数
- 拷問の種類とその後遺症
- 必要な支援の種類
- プロジェクトのスタッフの拷問被害者支援分野における経験
- 支援対象となる被害者についての事例の検討
- 拷問被害者に人道的支援を提供する小規模なプロジェクトを支援する必要性（その大部分はほとんど資金を調達できない）　優先される地域；アフリカ、アジア、中央アジア、東欧

基金の助成期間は12か月間である。理事会に**前回の助成の使途について十分な説明のなされた財務・監査報告**を提出すれば、改めてプロジェクトの継続申請を行い、新たな助成の勧告を受けることが可能である。

毎年の助成のサイクルは、以下の通りである。

- 申請と前回助成の使途に関する報告の提出期日：**4月1日**
- 事務局による申請書の検討および選別のため適格な申請者を訪問：**4月～9月**
- 理事会会議：**10月**
- 理事会の勧告について申請者に情報を提供：**11月**
- 助成の支給：**申請を行った年の翌年の1月**

拷問の被害者のための国連任意基金へのアクセス方法[76]
助成の受給資格はどのような人にあるのか？
- 非政府組織のみが申請可能であり、NGO、専門リハビリセンター、被害者の協会、財団および病院などのほか、場合によっては、人権を擁護する個人、例えば、被害者を代理する弁護士が申請することができる。
- 政府、民族解放運動、政党からの申請は受け付けていない。
- プロジェクトの直接の受益者は、「拷問および他の残虐な、非人道的な若しくは品位を傷つける取扱いおよび刑罰からの保護に関する宣言」第1条の解釈に基づく、拷問の被害者またはその直接の家族でなければならない。
- プロジェクトに関わる職員は、拷問の被害者を直接に支援した経験のある者でなければならず、助成申請を提出した時点でプロジェクトは既に存在していなければならない。
- 申請は、OHCHRのウェブサイトから入手できる当基金のオンライン申請書書式を使用して行わなければならない。
- 申請書は、当基金事務局に毎年4月1日より前に提出しなければならない。

初めて申請を行う者は、

- 申請者の組織に関する基本的情報を提出しなければならない。
- 職員が拷問の被害者を直接に支援した経験があることを証明しなければならない（経歴書を添付）。
- プロジェクトの目的と理由を説明しなければならない。
- 組織の設立規定を提出しなければならない。

どのようなプロジェクトが受理されるのか？
- 助成申請は、拷問の被害者とその家族に対する医療、心理、社会、経済、法律、人道その他の形態の支援を目的とするものでなければならない。
- 拷問の被害者を社会的に、または経済的に再統合させるプロジェクト（被害者に対する職業訓練などを含む）も受理される。
- 基金が資金的に可能な限りで、特に拷問の被害者の対応に重点を置いた専門家の訓練や、会議・セミナーの実施に対し、限定的な範囲での助成が行われる場合がある。
- 拷問反対キャンペーン、拷問の予防、他のプロジェクトに対する財政支援を目的としたプロジェクトのための申請は受理されない。
- 調査、研究、取材、ニュースレターの発行やこれに類する活動のプロジェクトのための申請は受理されない。

---

[76] 政府、NGO、その他の民間・公的団体は本基金に寄付をすることができる。寄付の方法については事務局に問い合わせること。

- 原則として、新たな NGO や他の市民社会組織の設立への資金提供を目的としたプロジェクトのための申請は受理されない。
- 拷問の被害者に直接法的な支援を提供するプロジェクトのための申請をする NGO やその他の市民社会のアクターは、国内法に従った場合に司法制度により無料の法的扶助をその弁護のために被害者に提供することができるかどうかについて情報を提出しなければならない。申請書とともに、法的扶助を受ける予定の被害者のリストも提供しなければならない。
- 基金は被害者に対する経済的補償を行わない。

緊急助成

市民社会のアクターは、基金が既に助成しているプロジェクトが財政的困難に陥った場合、例外的に、理事会の 2 つの会期の間に緊急支援の要請を提出することができる。市民社会のアクターは、事務局の申請書式を用いた緊急資金の要請書を、緊急の財政支援が必要な理由を詳しく説明した書状とともに送付しなければならない。予測不可能な事態のために支援の対象となる被害者が急増した場合（例えば、人道危機による拷問被害者の流入など）のみ、申請は要件を満たしていると認められる。

基金へ申請を提出する方法

原則として、申請はオンライン上の助成管理システムを通じて行われなければならない。例外的に、申請書面を航空便またはEメールで送付することが許容される場合もある。申請書の書式は、事務局に請求すれば入手できる。

申請提出先

拷問の被害者のための国連任意基金
United Nations Voluntary Fund for Victims of Torture
Office of the United Nations High Commissioner for Human Rights
Palais des Nations
8-14, avenue de la Paix
CH-1211 Geneva 10 - Switzerland
電話：+41 (0) 22 917 93 15
ファックス：+41 (0) 22 917 90 17
Eメール：unvfvt@ohchr.org

申請書提出にあたっての留意事項：
- 基金事務局は、基金の申請書の書式を使用していない申請、必要なすべての情報を提供していない申請、プロジェクトリーダーの署名と日付が入っていない申請、その他基金のガイドラインに従っていない申請は受け付けない。
- 申請書の記入は、英語、フランス語またはスペイン語で行うことができる。

拷問の被害者のための国連任意基金に関する詳細については、OHCHRのウェブサイトを参照のこと。

2．先住民のための任意基金

先住民のための任意基金は、先住民族のコミュニティや組織の代表が、先住民族の権利に関する、以下の国連の2団体への参加を支援することを目的としている。

- 先住民族の権利に関する専門家メカニズム
- 先住民問題に関する常設フォーラム

先住民族の権利に関する専門家メカニズムは、前人権促進保護小委員会の先住民族に関する作業部会にとって代わる、国連人権理事会[77]の新たなメカニズ

ムである。

> 同専門家メカニズムについては、本ハンドブック第Ⅴ章（人権理事会）を参照のこと。

　先住民問題に関する常設フォーラムは、国連経済社会理事会の諮問機関であり、ニューヨークに本拠を置く先住民問題に関する組織間の協力に貢献するハイレベル機関である。先住民のための任意基金は、OHCHR が管理しており、先住民族や先住民族と協働する組織の代表がこれらの団体に参加するための旅費の助成を行っている。このようにして、先住民族の市民社会のアクターは、その専門的知識を提供すると同時に、得た教訓を持ち帰ることができる。
　基金は、先住民族問題の専門家によって構成される理事会の助言を得て、国連の財政規定および財政規則にしたがって国連事務総長によって管理されている。

先住民のための任意基金へのアクセス方法[78]

　現地レベル、全国的、そして国際的な市民社会のアクターの貢献と積極的な関与により、先住民族問題は世界的な場面において著しい進展をみせている。先住民族のための国連機関は、先住民族と協働する市民社会のアクターや先住民族の市民社会集団にとって、行動するための重要な手段である。基金の旅費助成は、これらの機関に参加する先住民族の数を増やし、多様性を高めることを目的としている。

助成の受給資格はどのような人にあるのか？

先住民の組織やコミュニティの代表で、

- 助成がなければ、専門家メカニズムや常設フォーラムの会議に参加することができない者。

かつ

- 先住民に影響を与える問題に関して、専門家メカニズムや常設フォーラムの側の知識を深化させることに貢献することができる者で、かつ広範な地域を代表しうる者。

77　2007年12月14日決議6/36によって設立された。
78　政府、NGO、その他の民間・公的団体は本基金に寄付をすることができる。寄付の方法については事務局に問い合わせされたい。

申請要件

- 旅費の助成は個人に対して行われる。組織や受益者は、受益者の交代を申し出ることはできない。
- 個人の申請には、所属する先住民組織の幹部が署名した推薦状を添付すること。理事会は、申請者本人が署名したレターを審査の対象としない。
- 1組織につき2人まで申請することができる。
- 申請者は、理事会事務局の作業言語（英語、フランス語、スペイン語）で申請書と推薦状を提出することを要求される。
- 申請者は所属する組織またはコミュニティにおける自らの職責について記載することを求められる。
- 理事会が常設フォーラムの会議に参加することを推薦したとしても、専門家メカニズムへの参加を推薦することができなくなるわけではなく、その逆も同様である。

申請書提出先

助成申請書は、OHCHRのウェブサイトで入手することができ、毎年10月1日までに以下の宛先に提出しなければならない。

先住民のための任意基金
Voluntary Fund for Indigenous Populations
Office of the United Nations High Commissioner for Human Rights
Palais des Nations
8-14, avenue de la Paix
CH-1211 Geneva 10 - Switzerland
電話：+41 (0)22 928 91 64 or +41 (0)22 928 91 42
ファックス：+41 (0)22 928 90 66
Eメール：IndigenousFunds@ohchr.org

先住民族に関するOHCHRの活動に関するさらなる情報については、OHCHRのウェブサイトを参照のこと。

3．現代的形態の奴隷制に関する国連任意信託基金

現代的形態の奴隷制に関する国連任意信託基金は特に、現代的形態の奴隷制（たとえば、子ども、労働、人身売買、強制労働）の被害者を支援する、NGO、コミュニティおよび青年団体、労働組合、専門家協会などの市民社会組織を対象

第Ⅸ章　基金および助成金

とした、小規模なプロジェクトへの助成を行っている。プロジェクト助成の目的は、既に確立された支援のルートを通じて、現代的形態の奴隷制の結果として著しい人権の侵害を受けた個人に人道的、法的および財政的な支援を行うことである。同基金は、草の根レベルで活動することの多い市民社会のアクターに、比較的少ない資金で多数の被害者を直接支援する機会を提供するものである。

現代的形態の奴隷制に関する国連任意信託基金へのアクセス方法

多くの市民社会のアクターは今日、世界の各地で現代的形態の奴隷制と戦い、その被害者を守ろうとしている。奴隷制度に類似する慣行は表面化しないことが多く、市民社会のアクターは、現代的形態の奴隷制と関連のある隠された人権侵害の発見において必須の役割を担うことができるものである。現代の「奴隷制度」という言葉は、多様な人権侵害の形態を含むものである。伝統的な奴隷制や奴隷取引に加え、子どもの売買、子どもの買春、子どものポルノグラフィー、子どもの労働の搾取、少女の性器切除、武力紛争における子どもの利用、借金による束縛、人身売買および臓器売買、売春婦の搾取、アパルトヘイトや植民地制度における一定の慣行が含まれる。

特に、NGO、コミュニティおよび青年団体、労働組合、職能団体などの市民社会組織を対象とした**プロジェクトへの助成**は、世界中の奴隷制度撤廃に向けた市民社会の参加を増進させることを目的とする。

助成の受給資格はどのような人にあるのか？

- 現代的形態の奴隷制の結果、人権の侵害を受けた個人に直接支援を提供する組織。このような直接的支援が助成の大部分を占める。資金は、承認されかつ確立された人道的、法的、財政的支援を被害者に提供する市民社会組織や草の根ネットワークを通じて受取人に渡される。
- 予防的措置や研修による被害者への間接的な支援を提供する組織。選定されたプロジェクトの多くは、被害者の自立を助け、搾取を受ける程度を低下させるようなリハビリテーション・教育的プログラムを行うものである。

申請要件

- オンライン上で入手できる申請書の原本に日付を記入し、署名の上、航空便で送付する。英語、フランス語、スペイン語のいずれかにより申請することができる。
- 1団体あたり1件につき最大15,000米ドルの助成を申請することができる。

191

- プロジェクトは、世界の現代的形態の奴隷制について可能な限り広範な見識を提供するため、すべての地域から選ばれる。
- プロジェクトは、ジェンダー・バランスを考慮に入れたものであるべきである。
- プロジェクト助成金は、被害者や地域の市民社会組織に対する直接的支援に割り当てられなければならない。助成は国際NGO団体を介して割り当てることもできる。ただし、当該NGOは、助成の一部を自己の活動経費に充ててはならない。
- 事務局が2回の督促状を送っても、満足できる追加的な情報が提出されなかった場合には、理事会はかかる申請を検討の対象としない。

現代的形態の奴隷制に関する任意基金の支援を受けたプロジェクト

マヒラ セヴァ サミティ、インド：2005年、2,000米ドル相当の援助によって、子ども労働の被害者88人が小学校に入学し、学習できるようになった。同プロジェクトは、子どもの進捗を見守るためにその後4か月ごとに追跡評価を確実に実施した。

ジャダクリス、ナイジェリア：2006年、人身売買の被害者30人が6,400ドル相当の支援を受け、自活することを可能とするリハビリテーションと再訓練を受けた。

申請書提出先

助成申請は、毎年9月15日までに以下に提出すること：
現代的形態の奴隷制に関する国連任意信託基金
United Nations Voluntary Trust Fund on Contemporary Forms of Slavery
Office of the United Nations High Commissioner for Human Rights
Palais des Nations
8-14, avenue de la Paix
CH-1211 Geneva 10 - Switzerland
電話：+41 (0) 22 928 93 81 or +41 (0) 22 928 91 64
ファックス：+41 (0) 22 928 90 66
Eメール：SlaveryFund@ohchr.org

申請者はOHCHRウェブサイトから入手可能な申請書をすべて記入して提出すること。

詳しくは、現代的形態の奴隷制に関する国連任意信託基金のパンフレットを参照のこと。

4．「コミュニティの共同支援」プロジェクト

1998年、OHCHRと国連開発計画（UNDP）は、「コミュニティの共同支援」（ACT）プロジェクトを設置した。同プロジェクトは、**コミュニティで人権教育やトレーニング活動を行っている**NGO、地域の協会、教育機関や職能団体などの市民社会のアクターに少額の助成を行っている。

年間を通じて、人権教育のための国連10年（1995－2004）や人権教育のための世界計画（2005－継続中）の支援活動に重点を置いている。1998年以来、OHCHRとUNDPは、73か国で800件以上のプロジェクトを支援している。

ACTプロジェクト全体の管理は、OHCHR本部が担当している。各参加国において、UNDPの国別事務所の職員とOHCHR現地の出先（該当する場合）や他の国連関連団体で構成されている地域の「ACTタスク・フォース」が、申請書の配布、助成対象活動の選別を行い、助成金受領者と直接連絡をすることによって活動実施の監視を担当する。

ACTプロジェクトは、人々の個別の状況に応じて、実際的な方法によって人権尊重の改善を目的として、コミュニティ・レベルの活動を促すボトムアップのアプローチを取っている。ACTプロジェクトは主として、人権教育、研修や情報公開に関する地域の能力向上を目指している。たとえば、以下のようなものに資金を提供している。

- 教師、女性、ソーシャルワーカー、公務員、先住民族など様々な集団を対象とした人権に関するワークショップおよび研修コース
- 演劇、美術展、ロックコンサートなどの文化的なイベントとともに行う人権意識を喚起する活動
- 人権に関する資料の作成・翻訳、メディアを通じた普及
- 人権の促進保護のための情報センターの創設
- 受刑者、性的労働従事者、HIV陽性患者、孤児、国内避難民などの特定の脆弱な集団を対象とした教育プログラム
- 学校のコンペティションや人権青年クラブの設立といった子どもおよび青年向

け人権教育活動、

ACTプロジェクトにアクセスする方法

ACTプロジェクトは、人権教育活動を行っている草の根の市民社会のアクター、特に現地のNGO、教育機関、職能団体、現地のメディアおよび女性団体に財政的な支援を提供する。

申請要件

- 申請者は、提案するプロジェクトを実行する組織的能力を備えた市民社会組織または団体でなければならない。
- 申請されたプロジェクトは、革新的であり、反復可能であり、最大限の持続性のある影響を地域に及ぼすように設計されたものでなければならない。
- プロジェクトの期間は6か月以内とし、予算の上限を5,000米ドルとする。
- 申請書は、参加国にある国連のACTプロジェクトに関する国内本部がその国で決められた期限までに配布し、回収する。助成を受ける者は、UNDPの国別事務所またはOHCHRと助成契約を締結する。
- プロジェクトの申請および報告の提出は、英語、フランス語またはスペイン語のいずれでも可。

ACTプロジェクト資金助成の例

マダガスカルで、ACTプロジェクトは、障害をもつ子どもの権利に焦点をあて、人形芝居や関連するマニュアルの作成配布などを行った取組みを支援した。このプロジェクトは、14校6,000人以上の生徒を対象に行われた。学校の校長らは、毎年新学期にこのイベントを実施することを推奨している。

被占領パレスチナ地域の南ガザ地区ラファにある**南部女性メディアフォーラム**は、特にメディアで働く若い女性を対象として2005年に設立された。発起人は、男性の場合と比べ、女性同士で集い、ネットワークを作り、仕事についての考えを共有することが難しいと考え、また、メディアが女性の権利を適切に取り扱っていないと認識しており、メディアで働く女性にフォーラムを提供することが重要であると考えた。ACTの助成は、南ガザ地区の女性ジャーナリスト15名のために女性の権利に焦点を当てた人権研修、人権に焦点を当てたメディアにいる女性向け専門雑誌の創刊号の発刊、南ガザ地区の中の様々な地域からの女性のための5つのワークショップを支援した。

ACT プロジェクトの連絡先

ACT Project
Office of the United Nations High Commissioner for Human Rights
Palais des Nations
8-14, avenue de la Paix
CH-1211 Geneva 10 - Switzerland
ファックス：+41 (0) 22 928 90 61
E メール：**ACTProject@ohchr.org**

ACT プロジェクトの詳細については、OHCHR のウェブサイト上のプロジェクトの第Ⅰ期および第Ⅱ期に関する *ACT プロジェクト, Assisting Communities Together* のパンフレットを参照のこと。

5．国連民主主義基金

国連民主主義基金（UNDEF）は、2005年の世界サミットの結果を受けて、2005年7月に設立された[79]。その主な目的は、国連の関係部門、事務所、基金、プログラムおよび機関を含め、政府、非政府、国内、地域、国際的組織を通じて、世界全体の民主化を支援することである。UNDEF は、民主的な組織を設立・強化し、人権を促進し、すべての団体が民主化プロセスに参加することを確保するプロジェクトに資金を提供する。

助成の受給資格のある活動には以下が含まれる。

- 憲法制定過程における民主的な対話と支援
- 市民社会のエンパワーメント
- 市民教育、有権者登録、政党の強化
- 情報に対する市民のアクセス
- 人権および基本的自由
- 説明責任、透明性および統合

UNDEF は、ニューヨークの国連本部にある国連パートナーシップ事務所によって管理されている。19名の委員からなる諮問委員会が、政策手引きを作成

---

[79] 2005年世界サミットの結果に関する総会決議60/1を参照。

し、事務総長により承認されるべき助成案を提示するために設置された。諮問委員会は、締約国、国際的NGOの代表、事務総長の個人代表によって構成される。2006年の1回目のプロジェクト選択と基金の支出では、当時のコフィ・アナン事務局長が、すべての地域を対象とした、総額3600万米ドルにのぼる125件のプロジェクトを承認した。

国連民主主義基金にアクセスする方法

UNDEFは、国内人権機関（NHRI）を含め、広範な民主主義およびガバナンスのアクターからのプロジェクト助成申請を受け付ける。ただし、国内または国際的なNGO、研究政策機関、職能団体などの市民社会組織に特に焦点を当てたものとなる。

UNDEFの助成対象プロジェクトが充足するべき要件の一部は以下の通りである。

- プロジェクトは原則として、2年間の間に実施されなければならない。
- 助成の額は原則として、いかなるプロジェクトも500,000米ドル以下とし、通常、最低50,000ドルとする。
- あらゆる国、並びに地域およびグローバルな取組みからの申請が検討の対象とする。
- 紛争から脱しつつある国、新たに復興した民主主義国、後発開発途上国、低所得・中所得国のような、民主主義の課題がより切迫し、山積している国や地域の申請者が優先される。

UNDEFは、民主主義を推進し、その成果が、例えば民主社会と政府機関間の関係、社会から周縁化された人々および脆弱性の高い集団の包摂・参加を強化し、または、南南協力を促進することが見込まれるプロジェクトを支援することを目的としている。

UNDEF の申請方法

UNDEF助成の申請を希望する組織は、ウェブサイトを閲覧されたい。ウェブサイト上では、オンライン上の提案書を記入するよう求められるので、英語またはフランス語で記入する。同基金は、Eメール、普通郵便、ファックス、手交、クーリエ便またはその他の手段での提案書の提出は受け付けない。

UNDEF の連絡先
国連民主主義基金（UNDEF）
United Nations Democracy Fund（UNDEF）
United Nations
1 UN Plaza, Room DC1-1330
New York, NY 10017
United States of America
電話：+1 917 367 42 10 or +1 917 367 80 62
ファックス：+1 212 963 14 86
Eメール：**democracyfund@un.org**

詳しくは、UNDEFのウェブサイトを参照のこと。

6．障害者に関する国連任意基金

障害者に関する国連任意基金は、1981年国際障害者年の準備に関連する国連総会決議32/133にしたがって設立された。総会はその後、本基金の継続を決定し、市民社会組織が**障害者権利条約**の実施に参加する能力を構築することを目的とする活動を支援し、少額の助成を提供している。

同基金は、以下のような目的を有し、これらを促進する革新的な活動を支援するために、小規模の助成を行っている。

- 条約や障害者問題に対する認識を高め、条約の実施を支援すること
- 知識や経験の交換や包括的かつ導入可能な政策や慣行の普及を可能にすること
- 開発アジェンダにおいて障害の社会主流化を促進すること
- 開発途上国における障害者の生活と福利を改善し、アクターの条約実施能力を高めること（アクターには、障害者団体、その他の市民社会団体、政府、民間組織、国際開発への資金援助者が含まれる）。

本基金は、ニューヨークの国連本部**経済社会局**によって管理されている。

障害者に関する国連任意基金へのアクセス方法

同基金は1981年に設置されて以来、開発途上国の障害者の生活と福利向上のために国家や組織の能力を築くことを目的とする活動を支援している。また、研修、コミュニケーションの支援、情報公開活動などの障害者の権利に関する条約に対する意識喚起活動も支援している。市民社会組織と政府の双方を女性するが、個人は助成の対象とならない。

プロジェクトの提案書は年間を通じて受け付けている。提案書の提出を希望する市民社会組織は、基金への支援要請を提出する前に、まず、関連する政府担当者から同意／異議不存在の書簡を入手する必要がある。書簡を入手するための手続については、地元の UNDP 事務所に相談されたい。

障害者に関する国連任意基金への申請方法

支援の申請書を提出する際には、プロジェクト提案書のテンプレートを利用することができる。プロジェクトの提案書は、必要な情報がすべて記載されていれば他のフォーマットでも受け付けている。提案書は、英語、フランス語またはスペイン語で提出することができる。プロジェクト提案書のテンプレートは、**国連 Enable** のウェブサイトから入手することができる。

提案書は E メール、ファックスまたは郵送で以下の宛先に送付するものとする（E メールによる送付が望ましい）。

障害者権利条約事務局
Secretariat for the Convention on the Rights of Persons with Disabilities
Department for Economic and Social Affairs
United Nations
Two UN Plaza, DC2-1372
New York, NY 10017
United States of America
ファックス：+1 212 963 01 11
E メール：**enable@un.org**

同基金、障害者権利条約、障害に関する国連の取組みに関する詳細については、国連の Enable のウェブサイトを参照のこと。

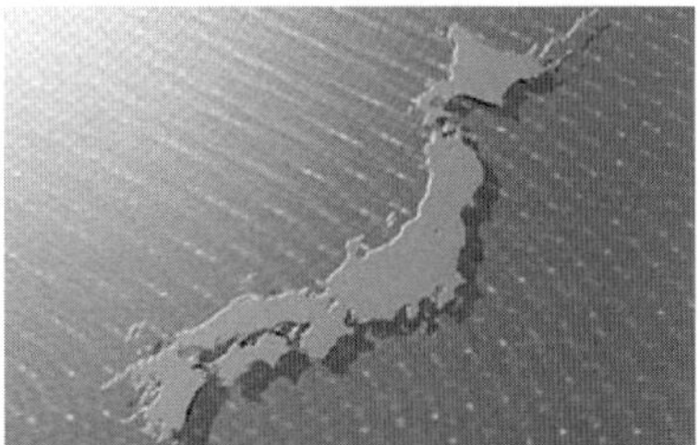

── 〈監訳者・翻訳者一覧〉 ──

〈監訳者〉

阿部浩己（あべ　こうき）　神奈川大学教授、ヒューマンライツ・ナウ理事長

〈翻訳者〉

安孫子理良（あびこ　りら）　弁護士、ヒューマンライツ・ナウ事務局

伊藤和子（いとう　かずこ）　弁護士、ヒューマンライツ・ナウ事務局長

枝川充志（えだがわ　みつし）　弁護士、ヒューマンライツ・ナウ事務局

須田洋平（すだ　ようへい）　弁護士、ワシントン州弁護士、
　　　　　　　　　　　　　　ヒューマンライツ・ナウ事務局

なお、翻訳にあたってはホワイト＆ケース法律事務所のみなさまとヒューマンライツ・ナウのインターンに多大なご協力を頂きました。

〈ホワイト＆ケース法律事務所〉

石塚みつ子、岩村知美、岩波多実子、梶原紘恵(弁護士)、

小栁葵(弁護士)、島崎哲(弁護士)、島悠里(ニューヨーク州弁護士)、

須藤安見子(ニューヨーク州弁護士)、高橋朋子、奈良原紀子、

新田梨恵(弁護士)、原邦彦(弁護士)、眞野堅太郎(弁護士)、渡辺浩子

〔インターン〕三上早紀

〈著 者〉

国連人権高等弁務官事務所

Office of the United Nations High Comnissioner for Human Right（OHCHR）

国連人権高等弁務官のポストは、1993年6月の世界人権会議の最終文書として採択された「ウィーン宣言及び行動計画」の勧告に基づき、同年12月20日に第48回国連総会決議48/141により創設された。人権高等弁務官事務所は、同弁務官を長とし、国連事務局の人権担当部門として機能する。（外務省 HP より）

〈編 訳〉

特定非営利活動法人 ヒューマンライツ・ナウ

市民社会向けハンドブック
――国連人権プログラムを活用する――

2011（平成23）年9月30日 第1版第1刷発行

著 者 国連人権高等弁務官事務所
編 訳 特定非営利活動法人 ヒューマンライツ・ナウ
監訳者 阿 部 浩 己
翻訳者 安 孫 子 理 良
　　　 伊 藤 和 子
　　　 枝 川 充 志
　　　 須 田 洋 平
発行者 今井 貴・渡辺左近
発行所 株式会社 信山社

〒113-0033 東京都文京区本郷6-2-9-102
Tel 03-3818-1019　Fax 03-3818-0344
info@shinzansha.co.jp
笠間才木支店 〒309-1611 茨城県笠間市笠間 515-3
笠間来栖支店 〒309-1625 茨城県笠間市来栖 2345-1
Tel 0296-71-0215　Fax 0296-72-5410
出版契約 2011-5586-7-01010　Printed in Japan

Ⓒ著者・訳者，2011 印刷・製本／松澤印刷
ISBN978-4-7972-5586-7 C3332 分類329.501-d001 国際人権法
5586-0101：012-010-005 p216：b1500：P2800《禁無断複写》

◆ 国連経済社会局女性の地位向上部 ◆
女性に対する暴力に関する立法ハンドブック

まえがき：林 陽子（弁護士、女性差別撤廃委員会委員）
編訳：ヒューマンライツ・ナウ
翻訳：雪田樹理・清末愛砂・福嶋由里子・生駒亜紀子

◆ 林陽子（弁護士・女性差別撤廃委員会委員）編 ◆
女性差別撤廃条約とわたしたち

〔執筆〕林陽子・加城千波・大村恵実・金塚彩乃

私たちの暮らす日本社会を、国際的視座から捉え直したグローバル化時代に必読の書。国外・国内の第一線で活躍する法律家が、一般の皆様向けにやさしく解説。〔近刊〕

―― 信山社 ――